まえがき

　本書は、中国語に初めて触れる入門者から初級者までが楽しく中国語を学べるように編まれています。日常生活でよく使われる実践的な会話と文法解説を中心にして構成されており、中国語の「聞く」、「話す」、「読む」、「書く」という四つの基礎的な力が身につくことをねらいにしています。

　全体は、発音編と会話編からなり、発音編は、中国語の発音の基礎的な事項をコンパクトにまとめてあります。また、会話編は、日本人留学生のホームステイ先の中国人家庭における生活体験を14の物語で構成しています。学習者は、中国語の発音の基礎を踏まえた上で、本文の会話文を中心に、発音は時々発音編にフィードバックしながら、学習を進めることができます。

　それぞれの課には、本文を補充するコーナーがあります。本文を補足する会話文のほか、（人体各部の名称や貨幣の種類、曜日、時間、医者にかかるときの会話など）日常よく使われる語句や会話文が数多く補充されているので、学習者の皆さんのニーズや学習時間の長短に合わせて選択して活用することが可能です。

　さらに、各課のコラムでは、中国の伝統文化や生活習慣などのほかに本文の会話の舞台となったハルビン（哈爾濱）の街も紹介しています。中国語を学びながら、その背景への理解が深まれば幸いに思います。そして、このテキストがみなさんの今後の中国語学習の導入部として役立てられ、さらには旅行や留学、ビジネス滞在等へとつながっていくことを期待します。

2015 年 10 月

著者

目　次

発音編 —————————————————————————— 4
　　　　発音一（母音と声調）　　発音二（子音と発音の規則）　＊歌詞

第一課　　出迎え —————————————————— 11
1.語気助詞“吧”　　2.動詞述語文　　3.人称代名詞　　＊人体各部の名称

第二課　　自己紹介 —————————————————— 17
1.名詞述語文　　2.連体修飾用の助詞“的”　　3.数字の数え方
4.指示代名詞　　5.接続詞の“那”　　6.比較の“比”

第三課　　車内の会話 ————————————————— 23
1.接続詞“和”　　2.反語の“这不是……吗?”　　3.比較の“没有”
4.数詞“两”　　5.“不”と“没”の違い

第四課　　ホームステイ先にて ——————————————— 29
1.“换”＋“上”　　2.“这”＋助数詞　　3.助詞“……的话”　　4.副詞“好”
＊医者にかかるときの会話

第五課　　山水画の鑑賞 ———————————————— 35
1.助詞“得”　　2.“太……了”　　3.使役表現の“让”　　4.強調の“是……
的”　　5.“画”と“画儿”の違い

第六課　　夕食（レストランにて）————————————— 41
1.前置詞“为”　　2.助動詞“会”　　3.禁止を表す“别”　　4.“什么都……”
と“什么都（也）不……”　　＊漢詩を楽しむ

第七課　　朝食 ——————————————————— 47
1.結果補語“好”　　2.助数詞“（一）点儿”　　3.心理動詞“喜欢”　　4.副詞の
役割　　5.助動詞“想”　　6.“不”と“一”の声調の変化　　＊時間の言い方

第八課　　昼食 —————————————————————— 53
1.動詞の"来"　2.アスペクトを表す"过"　3.前置詞の"用"　4."就"
＋"可以"　5.注文時の"来"と"要"の違い　＊曜日と日付の言い方

第九課　　ブティックにて ————————————————— 59
1.助動詞"要"　2. 助動詞"可以"　3.副詞"先"　4."真的"
5."看"＋"看"　＊漢詩を楽しむ　＊年齢の聞き方

第十課　　試着 —————————————————————— 65
1.反復疑問文の"有没有"　2."好吗?"　3.準体助詞"的"
4."给……看看"　5.副詞"有点儿"と数量詞"一点儿"の比較

第十一課　値段交渉 ————————————————————— 71
1.指示代名詞"那么"　2.副詞"好像"　3.疑問代名詞"怎么样"
4.助動詞"能"　＊声調が違うだけで意味の変わる言葉

第十二課　お支払い ————————————————————— 77
1.動詞の"数"と名詞の"数"　2.動詞"找"　3.語気助詞"了"
4."没错儿"と"不错"　5.形容詞述語文　＊貨幣の言い方

第十三課　本屋にて ————————————————————— 83
1."……是什么意思?"　2.範囲限定の"就是"　3.副詞の"原来"
4.語気助詞"啊"の変化

第十四課　兆麟公園の氷祭り ——————————————— 89
1."(好・就)像……一样"　2."听说"　3.動詞＋"到"＋名詞
4.動詞＋"完"　5.……"再"……

品詞の対照表 ———————————————————————— 95

　（注）＊本書中の「文」は文章用語、「口」は口頭用語のことです。

　　　＊"ｒ化音"の"这^{zhèr}儿"等のような"儿"がついた場合は"这^r儿"

　　　のように"儿"のピンインを左寄せにしました。

発　音　編

　中国語の発音は「ピンイン(拼音)」と「声調」で表します。「ピンイン」は中国語の発音(読み)を中国式のローマ字で表したものであり、声調はそれぞれのピンインの上に振ってある符号で表現されます。漢字の一つ一つには声の高低や上げ下げの調子があり、この抑揚の変化を声調といい、第一声から第四声まで四種類あるので「四声」といいます。声調により中国語がメロディーのように響き、また、声調は同じピンインに異なる意味を与えます。

発音一　母音と声調

1　母音（韵母 yùn mǔ）

単母音	a　o　e　i　u　ü
複合母音	ai　ei　ui　ao　ou　iu　ie　üe
そり舌母音	er
前鼻音	an　en　in　un　ün
奥鼻音	ang　eng　ing　ong

○単母音

a：日本語の「ア」より口を大きくあけ、はっきり発音

o：日本語の「オ」より口の中を広くあけ、口を丸くして発音

e：日本語の「エ」の口の形で舌の奥の辺り（上顎）を持ち上げて発音

i：日本語の「イ」よりもっと口を左右にひろげて発音

u：日本語の「ウ」よりさらに口をすぼめ、喉の奥から発音

ü：上の"u"よりさらに口をすぼめ、軽く口笛を吹くように発音

○そり舌母音

er：口は上の"e"と同じですが、舌を上にそり上げて発音

2　声調（四声 sìshēng）

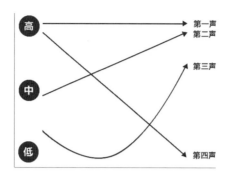

第一声：高く平らに発音する　　　　ā
第二声：一気に上げる　　　　　　　á
第三声：低く抑えてから上げる　　　ǎ
第四声：一気に下げる　　　　　　　à

　ピンインの上に振ってある符号の「ˉ」は第一声、「´」は第二声、「ˇ」は第三声、「`」は第四声の符号で、何も無いときは軽声です。

ā（第一声）　á（第二声）　ǎ（第三声）　à（第四声）　a（軽声）

ō（第一声）　ó（第二声）　ǒ（第三声）　ò（第四声）

ē（第一声）　é（第二声）　ě（第三声）　è（第四声）　e（軽声）

ī（第一声）　í（第二声）　ǐ（第三声）　ì（第四声）

ū（第一声）　ú（第二声）　ǔ（第三声）　ù（第四声）

ǖ（第一声）　ǘ（第二声）　ǚ（第三声）　ǜ（第四声）

母音の上の符号が声調符号で、声調符号のないのが軽声です。

＊ 声調の秘訣を覚えておきましょう。

Yī shēng gāo píng bù qǐ bō　　èr shēng jiù xiàng pá shān pō
一声 高平 不起波， 二声 就 像 爬山坡，

sān shēng xià pō yòu shàng pō　　sì shēng jiù xiàng xià shān pō
三声 下坡 又 上坡， 四声 就 像 下山坡。

第一声は高く平らで波がなく、第二声は山登りのようで、

第三声は下ってから登り、第四声は山下りのようだ。

＊ 声調符号の付け方

・ "a" があれば "a" の上に、

・ "a" が無ければ "o" か "e" の上に、

・ "i" と "u" が並べば後ろの方に、

・ 単独の母音ならその上につけます。

例：hǎo　　kǒu　　wèi　　shuí　　nǐ

＊ 声調を練習しましょう。

ā： Ā　tiān qíng le
啊，天 晴 了！　　　ア ティエン チン ラ
啊， 天 晴 了！（あっ、晴れました。）

á： Á　Shén me
啊？什么？　　　ア シェン マ
啊？什么？ （ええっ？何？）

ǎ： Ǎ　Wèi shén me
啊？为什么？　　　ア ウェイシェン マ
啊？ 为 什 么？ （へえ、何故ですか？）

à： À　wǒ de gù xiāng
啊，我的故乡！　　　アー ウオ ダ グーシアン
啊，我的故乡！（ああ、我が故郷よ。）

発音二　子音と発音の規則

1　子音（声母 shēng mǔ）

CD3

b(o)	p(o)	m(o)	f(o)	
d(e)	t(e)	n(e)	l(e)	
g(e)	k(e)	h(e)		
j(i)	q(i)	x(i)		
zh(i)	ch(i)	sh(i)	r(i)	
z(i)	c(i)	s(i)	y(i)	w(u)

2　一体化した音節（音节 yīn jié）

zhi	chi	shi	ri	zi	ci	si
yi	wu	yu	ye	yue		
yin	yun	yuan	ying			

3　"r 化音"

会話では一部の言葉の後に接尾語の"ル"をつけて発音しますが、独立発音をせず、前の音節と一緒になって一音節として発音され、語尾が巻舌音になります。

花　huā（花／文）　　　　　　花儿　huār（花／口）

画　huà（描く／動詞）　　　　画儿　huàr（絵／名詞）

4　"ü"の特別表記法

"j" "q" "x" ＋ "ü"の場合は"ü"を"u"と書きます。

j ＋ü→　ju　　　q ＋ü→　qu　　　x ＋ü→　xu

j ＋üe→　jue　　q ＋üe→　que　　x ＋üe→　xue

j ＋ün→　jun　　q ＋ün→　qun　　x ＋ün→　xun

5　声調の変化

三声＋三声→二声＋三声となり、"你好 Nǐ hǎo"は"Ní hǎo"と発音します。

6　軽声（以下はよく使われる例です）

(1)　一部の二字熟語の後にある字："喜欢 xǐ huan"、"漂亮 piào liang"等。
(2)　接尾語："我们 wǒ men"、"包子 bāo zi"等。
(3)　重ね型："看看 kàn kan"、"爸爸 bà ba"等。
(4)　助詞："的 de"、"了 le"、"得 de"等。

練 習

1　発音の練習をしてください。

ā　á　ǎ　à　　ō　ó　ǒ　ò　　ē　é　ě　è

ī　í　ǐ　ì　　ū　ú　ǔ　ù　　ǖ　ǘ　ǚ　ǜ

āi　ái　ǎi　ài　　ēi　éi　ěi　èi　　uī　uí　uǐ　uì

āo　áo　ǎo　ào　　ōu　óu　ǒu　òu　　iū　iú　iǔ　iù

iē　ié　iě　iè　　ǖe　ǘe　ǚe　ǜe　　ēr　ér　ěr　èr

ān　án　ǎn　àn　　ēn　én　ěn　èn　　īn　ín　ǐn　ìn

ūn　ún　ǔn　ùn　　ǖn　ǘn　ǚn　ǜn

āng　áng　ǎng　àng　　ēng　éng　ěng　èng　　īng　íng　ǐng　ìng

ōng　óng　ǒng　òng

yī　yí　yǐ　yì　　wū　wú　wǔ　wù　　yū　yú　yǔ　yù

2　次のピンインから「母音」を探しましょう。

chūn　　　fēng　　　zhǎo　　　yīn　　　xiǎo　　　kuài

3　次のピンインから「子音」を探しましょう。

zhú　　　wěi　　　hòu　　　gùn　　　huài　　　zhōng

4　次の声調符号の正しいものに「√」をつけてください。

xié 　（　）　shuǐ（　）　niú 　（　）　huǎn（　）　què 　（　）

léi 　（　）　gǒu 　（　）　zhúo（　）　jué 　（　）　diàn（　）

5 括弧の中に子音と母音の順序通りに書き込んでください。

b （　　） m （　　）

d （　　） n （　　）

（　　） k （　　）

j （　　） （　　）

zh （　　） （　　） r （　　） （　　） s （　　） （　　）

a （　　） e i （　　） ü

ai （　　） （　　） ao （　　） iu （　　） （　　）

er

an （　　） （　　） （　　） ün

（　　） eng （　　） （　　）

6 次のピンインを読んでから書き写してください。

jū　jú　jǔ　jù　　　qū　qú　qǔ　qù　　　xū　xú　xǔ　xù

juē　jué　juě　juè　　quē　qué　quě　què　　xuē　xué　xuě　xuè

jūn　jún　jǔn　jùn　　qūn　qún　qǔn　qùn　　xūn　xún　xǔn　xùn

zhī　zhí　zhǐ　zhì　　chī　chí　chǐ　chì　　shī　shí　shǐ　shì

rī　rí　rǐ　rì

zī　zí　zǐ　zì　　　cī　cí　cǐ　cì　　　sī　sí　sǐ　sì

yī　yí　yǐ　yì　　　wū　wú　wǔ　wù　　　yū　yú　yǔ　yù

yē　yé　yě　yè　　　yuē　yué　yuě　yuè

yīn　　yín　　yǐn　　yìn　　　yūn　　yún　　yǔn　　yùn

yuān　yuán　yuǎn　yuàn　　yīng　yíng　yǐng　yìng

大海 啊，故乡 （歌词）

小时候，

妈妈对我讲，

大海就是我故乡，

海边出生，

海里成长。

大海啊大海，

是我生活的地方，

海风吹，

海浪涌，

随我漂流四方。

大海啊大海，

就像妈妈一样，

走遍天涯海角，

总在我的身旁。

第一課　出迎え（ハルビン駅にて）

ハルビンの自動車道路橋

新出語句（词语 Cíyǔ）

哈尔滨 Hā'ěrbīn	名 ハルビン（都市名）	车站 chēzhàn	名 駅
迎接 yíngjiē	動 迎える、出迎える	客人 kèren	名 お客さん、お客様
你好 nǐhǎo	挨 こんにちは	你 nǐ	代 あなた、君、お前
们 men	尾 …たち、…方、…ら	我 wǒ	代 私、僕
姓 xìng	動 （姓は）…という	远山 Yuǎnshān	名 遠山(姓)
叫 jiào	動 …と言う、呼ぶ	美雪 Měixuě	名 美雪(名)
请 qǐng	敬 …してください、どうぞ	多 duō	形副 多い、多く
关照 guānzhào	動 面倒を見る、世話をする	不用 bú yòng	副 …する必要がない
客气 kèqi	動 遠慮する、謙遜する	叔叔 shūshu	名 叔父、叔父さん
吧 ba	助 …しなさい（しよう、だろう）	这 zhè	代 これ、こちら
是 shì	動 …です、…だ、…である	阿姨 āyí	名 （愛称）おばさん
妍妍 Yányan	名 妍妍(名)	上（车）shàng (chē)	動 （車に）乗る

小视窗 (Xiǎo shìchuāng)

「こんにちは」というあいさつ言葉は中国語では、"你好！"がよく知られていますが、相手を尊敬して"您好！Nín hǎo"という言い方もあります。相手が二人以上の場合は、"你们好！Nǐmen hǎo"か"大家好！Dàjiā hǎo"（改まった場合の「皆さんこんにちは」）を使います。本文の"叔叔、阿姨好！"のほかにも"早上好！Zǎoshang hǎo"（おはようございます）、"晚上好！Wǎnshang hǎo"（こんばんは）というあいさつもあります。

Dì yī kè　　Yíngjiē kè ren
第一课　迎接客人（哈尔滨车站）
Hā′ěrbīnchēzhàn

CD9

（ホストファミリーの皆さんがハルビン駅へ美雪さんを迎えに来ました）

Nǐ hǎo
爸爸：你 好！

Nǐ men hǎo
美雪：你们 好！

Wǒ xìng Yuǎnshān　jiào Měixuě　qǐng duō guānzhào
　　　我 姓 远 山，叫 美 雪，请 多 关 照！

Bú yòng kè qi　Jiào wǒ shūshu ba　Zhè shì ā yí
爸爸：不 用 客 气。叫 我 叔叔 吧。这 是 阿 姨。

Měixuě　nǐ hǎo
妈妈：美 雪，你 好！

Shūshu　ā yí hǎo
美雪：叔 叔、阿 姨 好！

Nǐ hǎo　Wǒ jiào Yányan　Wǒ men shàngchē ba
妍妍：你 好！我 叫 妍妍。我们 上 车 吧。

文　法

1　語気助詞 "吧"

主に相談・命令・推測を表します。「しよう」「しなさい」「だろう」

Wǒ men shàngchē ba
我们 上 车 吧。　（相談）私たちは車に乗りましょう。

Nǐ shàngchē ba
你 上 车 吧。　（命令）車に乗りなさい。

Nǐ shì Yányan ba
你 是 妍妍 吧?　（推測）あなたは妍妍さんでしょうか？

2　動詞述語文

文型：主語＋動詞述語＋目的語

Zhè shì ā yí
这 是 阿姨。　これは叔母さんです。

Wǒ xìng Yuǎnshān
我 姓 远山。　私は姓が遠山と言います。

Wǒ jiào Yányan
我 叫 妍妍。　私は（名が）妍妍と言います。

3　人称代名詞

人　称	単　数	複　数
第一人称	我 wǒ 私	我们 wǒmen　　咱们 zánmen 私たち（"我们"は改まった表現）
第二人称	你 nǐ　　您 nín あなた　あなた様・お客様	你们 nǐmen あなたたち
第三人称	他 tā　　她 tā　　它 tā 彼　　彼女　　それ・あれ	他们 tāmen　　她们 tāmen　　它们 tāmen 彼ら　　　彼女たち　　それら・あれら

＊ "您" は "你" の敬称ですが、複数になると "你们" しかありません。
　近年は "您二位"（おふた方）等が用いられるようになりました。

＊ "他" は男性に、"她" は女性に、"它" は動物或いは事物について用
　います。文章表現では、複数で男性も女性もいる場合、"他们" でも
　構いませんが、"他（她）们" も用いられます。

＊初めて事物等に言及するときは "它" を使わず "这" 等を用います。

＊　人体各部の名称　（主に口語用）

tóu　　　liǎn　　　yǎnjing　　　bí zi　　　zuǐ　　　ěr duo　　　bó zi
头(頭)　脸(顔)　眼睛(目)　鼻子(鼻)　嘴(口)　耳朵(耳)　脖子(首)

jiān　　shàngshēn　　　xiōng　　hòubèi　　　shàng bì　　　gē
肩(肩)　上 身(上半身)　胸(胸)　后背(背中)　上 臂(二の腕)　胳

bo　　　zhǒu　　　wàn　　　shǒu　　shàngzhī　　xiàzhī　　dù
膊(腕)　肘(肘)　腕(手首)　手(手)　上 肢(上肢)　下 肢(下肢)　肚

zi　　　yāo　　fù gǔ gōu　　　pì gu　　dà tuǐ　　xiǎotuǐ
子(腹)　腰(腰)　腹股沟(そけい部)　屁股(尻)　大腿(大腿)　小 腿

　　　xī gài　　huái　　　jiǎo
(脛)　膝盖(膝)　踝(くるぶし)　脚(足：くるぶしより下の部分)

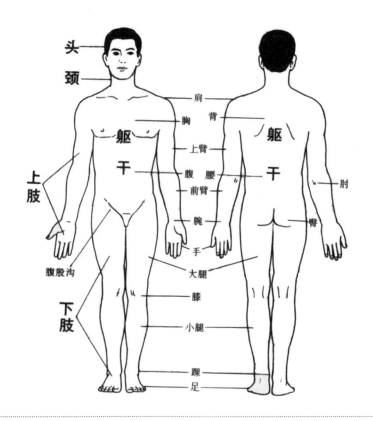

补充内容 Bǔchōng nèiróng

吗 ma （質問・疑問を表す）…（です）か？　很 hěn　とても、大変

呢 ne （省略疑問文に使用する）…は？　也 yě　…も

＊"很"は文を言い切りにする為、単音節の形容詞の前に置くことが多いですが、この場合の"很"は軽く発音され「とても」という程度強調の働きがありません。

ミニ会話

＊二人は友人関係の場合

A: Nǐ hǎo
你好！　こんにちは。

B: Nǐ hǎo ma
你好吗？　元気ですか？

A: Wǒ hěn hǎo　Nǐ ne
我很好。你呢？　私は元気ですが、あなたは？

B: Xièxie wǒ yě hěn hǎo
谢谢，我也很好。　ありがとうございます。私も元気です。

14

練 習 問 題

一、次のピンインを漢字に、漢字をピンインに書き直してください。

nǐhǎo_____　　　　nǐmen _____

xìng_____　　　　　wǒ_____

jiào_____　　　　　qǐng_____

duō_____　　　　　guānzhào_____

bú yòng_____　　　kèqi _____

你好_____　　　　　我叫_____

请多关照_____　　　我们上车吧_____

二、次の空欄に名前等を書き込み、会話を練習してください。

A：你好！
B：你好！
A：我姓（　　　　），叫（　　　　　　　）。
B：我姓（　　　　），叫（　　　　　　　）。
　　叫我（　　　　）吧。＊这是（　　　　　　）。
＊話し相手以外の友人も紹介してみてください。

三、漢字とピンインと意味の同じものを線で結んでください。

1　上车吧。　　・Bú yòng kèqi　　・皆さん、こんにちは。

2　请多关照！　・Nǐmen hǎo　　　・遠慮しなくて良いですよ。

3　不用客气。　・Shàng chē ba　　・よろしくお願いします。

4　你们好！　　・Qǐng duō guānzhào　・車に乗りましょう。

15

四、次の空欄に中国語のあいさつ用語を書き込んでください。

1　みなさん、こんにちは。　　　（　　　　　　　　　　　　）
2　叔父さん、こんにちは。　　　（　　　　　　　　　　　　）
3　叔母さん、こんにちは。　　　（　　　　　　　　　　　　）
4　美雪さん、こんばんは。　　　（　　　　　　　　　　　　）
5　おはようございます。　　　　（　　　　　　　　　　　　）

五、次の日本語を中国語に訳してください。

1　こんにちは。

2　皆さん、こんにちは。私は姓が遠山で美雪と言います。どうぞよろしくお願いします。

3　遠慮しなくて良いです。僕のことを叔父さんと呼びなさい。これは叔母さんです。

4　美雪さん、こんにちは。

5　叔父さん、叔母さん、こんにちは。

6　こんにちは。私は妍妍と言います。車に乗りましょう。

Shèng　Suǒfēiyà jiàotáng
圣 ・ 索菲亚 教 堂 (聖・ソフィア教会堂)

第二課　自己紹介

ハルビンのシンボルマークである水防記念塔

新出語句（词语 Cíyǔ）

自我 zìwǒ	名 自己、自分	**介绍** jièshào	名 動 紹介、紹介する
今年 jīnnián	名 今年	**十八** shí bā	数 十八
岁 suì	助数 （年齢の）歳	**了** le	助 変化を表す、…になった
呢 ne	助 （質問：あなた）は？	**比** bǐ	前置 …より、…に比べて
大 dà	形 年齢が上である	**两** liǎng	数 二
生日 shēng ri	名 誕生日、生年月日	**几** jǐ	数 何…、いくつ、いくら
月 yuè	名 （暦の月の順番）…月	**号** hào	名 日にち、日
那 nà	接 …ならば、では	**该** gāi	助動 すべき、…のはずである
姐姐 jiějie	名 姉、お姉さん	**欸** èi	嘆 （承諾や同意）はい、ええ
有 yǒu	名 ある、いる、持っている	**妹妹** mèimei	動 妹、妹さん

小视窗 (Xiǎo shìchuāng)

　中国も法律上では国際慣習法と同じ満年齢を使いますが、民間の習慣から言うと、お年寄りは普通数え年"**虚岁** xūsuì"を使い、若者は満年齢"**周岁** zhōusuì"を使います。地域からいうと、北方では満年齢を、南方では数え年を、都市では満年齢を、農村では数え年をそれぞれ使う傾向があります。

第二课 自我介绍
Dì èr kè　Zì wǒ jièshào

（妍妍さんと美雪さんは歩きながら親しげに言葉を交わします）

妍妍：我今年十八岁了，你呢？
Wǒ jīnnián shí bā suì le　nǐ ne

美雪：我比你大两岁。你的生日几月几号？
Wǒ bǐ nǐ dà liǎng suì　Nǐ de shēngri jǐ yuè jǐ hào

妍妍：我的生日九月八号，你呢？
Wǒ de shēngri jiǔ yuè bā hào　nǐ ne

美雪：五月一号。
Wǔ yuè yī hào

妍妍：那我该叫你姐姐。美雪姐！
Nà wǒ gāi jiào nǐ jiějie　Měixuě jiě

美雪：欸！我有妹妹了。
Èi　Wǒ yǒu mèimei le

文　法

1　名詞述語文

年齢、日付、曜日、時刻を話す場合、"是"を使いません。

我今年二十岁了。　私は今年二十歳になりました。
Wǒ jīnnián èr shí suì le

今天十月二十八号。　今日は十月二十八日です。（**今天**：今日）
Jīntiān shíyuè èr shi bā hào

今天星期二。　今日は火曜日です。（**星期**：曜日、週、週間）
Jīntiān xīngqī´èr

2　連体修飾用の助詞"的"

「…の…」

我的书　私の本（**书**：本、書物）
Wǒ de shū

<ruby>我<rt>Wǒ</rt></ruby> <ruby>的<rt>de</rt></ruby> <ruby>生<rt>shēng</rt></ruby> <ruby>日<rt>ri</rt></ruby>　私の誕生日

3　数字の数え方

一 yī	二 èr	三 sān	四 sì	五 wǔ	六 liù	七 qī	八 bā	九 jiǔ	十 shí

十一 shí yī	二十 èr shí	二十二 èr shi èr	三十 sānshí	四十 sì shí	五十 wǔ shí	六十 liùshí	七十 qī shí

八十 bā shí	九十 jiǔshí	九十九 jiǔshijiǔ	一百 yì bǎi	一百零一 yì bǎi líng yī	一百一（十） yì bǎi yī （shí）

一百一十一 yì bǎi yī shi yī	二百 èr bǎi	九百零一 jiǔbǎi líng yī	九百一十 jiǔbǎi yī shí	一千 yì qiān	一万 yí wàn

＊“二十二 èr shi èr”のように“十 shí”が数字の間に入ると、“shi”と軽声で発音します。

＊“一百零一 yì bǎi líng yī”はアラビア数字で書くと、“101”になるので、必ず“零 líng”を読みます。

＊“111”は“百十一”ではなく、“一百一十一 yì bǎi yī shi yī”と読みます。

＊“110”は“一百一（十）yì bǎi yī （shí）”のように話し言葉では最後のゼロを省略する習慣があります。

＊“2”は前で数字三桁以上の場合、話し言葉では“两 liǎng”と読みます。“2222”は“两千两百二十二 liǎng qiān liǎng bǎi èr shi èr”と読みます。

＊“1010”は“一千零一十 yì qiān líng yī shí”のように“零”も“十”も読みます。“1001”は“一千零一 yì qiān líng yī”と読みます。

4　指示代名詞

近　称	中　称・遠　称	不　定　称
这 これ zhè	那 それ・あれ nà	哪 どれ nǎ
这儿 (口) ここ zhèr	那儿 (口) そこ・あそこ nàr	哪儿 (口) どこ nǎr
这里 (文) ここ zhè li	那里 (文) そこ・あそこ nà li	哪里 (文) どこ nǎ li

＊中国語では、日本語のような「コソアド系」の「中称」と「遠称」の区別はなく、自分から遠い物（ところ）をさす場合は、全部“**那**”を用います。

19

5 接続詞の "那"

前文か前の内容を受けて結果や判断を引き出すときに用います。「では」
「それなら」。"那么 nàme" は日本語の「それでは」で、丁寧な言い方です。

Nà wǒ gāi jiào nǐ jiějie
那 我 该 叫 你 姐姐。　では、（あなたを）お姉さんと呼ばなくては…。

Nà me wǒmen shàng chē ba
那么，我们 上 车 吧。　それでは車に乗りましょう。

Nà me zàijiàn
那么，再见！　それではまた会いましょう。（**再见**:さようなら、また会おう）

6 比較の "比"

文型：A＋ "比" ＋B＋形容詞（＋数量詞等）「…より」

Wǒ bǐ nǐ dà yí suì
我 比 你 大 一 岁。　私はあなたより一つ年上です。

Nǐ bǐ wǒ xiǎo yí suì
你 比 我 小 一 岁。　あなたは私より一つ年下です。

Bà ba bǐ mā ma dà liǎngsuì
爸爸 比 妈妈 大 两 岁。　父は母より二つ年上です。

补充内容 Bǔchōng nèiróng

初次见面 chūcì jiànmiàn　はじめまして　　　认识 rènshi　見知る、知りあう
高兴 gāoxìng　嬉しい、喜ばしい

ミニ会話

Chūcì jiànmiàn wǒ jiào
A：初次 见 面，我 叫 （　　　　　　　　）。

Wǒ jiào Chūcì jiànmiàn qǐng duō guānzhào
B：我 叫 （　　　　　　）。初次 见面，请 多 关照！

Rènshi nǐ wǒ hěn gāoxìng Rènshi nǐ wǒ yě hěn gāoxìng
A：认识 你，我 很 高 兴！　　B：认识 你，我 也 很 高 兴！

A：はじめまして。私は（　　　　）と言います。　B：私は（　　　　　）
と言います。はじめまして、宜しくお願いします。　A：あなたと知りあえ
てとても嬉しいです。　　B：あなたと知りあえて、私も大変嬉しいです。

練 習 問 題

一、次のピンインを漢字に書き直してください。

jièshào _____ shēngrì _____
shí bā suì _____ gāi _____
jīnnián _____ le _____
jiějie _____ jiào _____
mèimei _____ suì _____
jǐ _____ yuè _____
hào _____ yǒu _____

二、次の漢字をピンインに書き直してください。

生日 _____ 姐姐 _____
今年 _____ 月 _____
妹妹 _____ 有 _____
号 _____ 该 _____
叫 _____ 自我介绍 _____
岁 _____ 了 _____

三、次の空欄に自分の年齢や誕生日を記入し、会話を練習してください。

1　我今年(　　　)岁了，你呢?
2　我也(　　　)了。你的生日几月几号?
3　我的生日(　　　　　)，你呢?
4　我的生日(　　　　　)。
5　那我该叫你(　　　)。(　　　　)!
6　欸！我有(　　　)了。

四、次の単語を並べ替えて正しい文にしてください。

1　了　二十岁　今年　我　。_____
2　生日　几号　几月　你的　? _____
3　八号　我的　九月　生日　。_____

五、次の日本語を中国語に訳してください。

1　私は今年十八歳になりました。あなたは？

2　私はあなたより二歳年上です。お誕生日はいつですか？

3　私の誕生日は九月八日ですが、あなたは？

4　五月一日です。

5　では、姉さんと呼ぶべきです。美雪姉さん！

6　はい、私に妹ができました。

六、次の空欄に中国語のあいさつ言葉を記入してください。

1　こんにちは。
（　　　　　　　　　　　）
2　はじめまして、どうぞよろしくお願いします。
（　　　　　　　　　　　）
3　あなたと知りあえてとても嬉しいです。
（　　　　　　　　　　　）
4　あなたと知りあえて私も大変嬉しいです。
（　　　　　　　　　　　）

神秘的で美しいハルビンの夕方

第三課　車内の会話

平房公園

新出語句（词语 Cíyǔ）

车内 chēnèi	名 車内	会话 huìhuà	名 会話
家 jiā	名 家庭、一家、家族	口 kǒu	助数 （家族・人口を数える）…人
人 rén	名 人	爸爸 bàba	名 父、お父さん
妈妈 māma	名 母、お母さん	哥哥 gēge	名 兄、お兄さん
和 hé	接 …と… 前置 …と（一緒に）	还 hái	副 その上、さらに、ほかに
条 tiáo	助数 （犬を数える）…匹	狗 gǒu	名 犬
这不是 zhèbushi	（…"吗"）これは…ではないか	都 dōu	副 いずれも、みんな
在 zài	動 （…に）いる（ある）	呢 ne	助 "吗"と共用、調子を整える
吗 ma	助 …か	全体 quántǐ	名 全員、全体
哈哈 hāha	擬 ハッハッ、アハハ	一共 yígòng	副 合わせて、全部で
没有 méiyǒu	動 副 ない、（…て）いない	热闹 rènao	形 賑やかである
也 yě	副 も	来 lái	動 来る
就 jiù	副 （因果関係を強調）からこそ	更 gèng	副 さらに、一層、ますます

小视窗 (Xiǎo shìchuāng)

相手の名前を聞く場合、"**您贵姓？** Nín guìxìng"（お名前は何とおっしゃいますか？）又は"**你姓什么？** Nǐ xìng shénme"（名字は何と言いますか？）なら、"**我姓……**。Wǒ xìng"（…と申します）と名字のみ答え、"**你叫什么名字？** Nǐ jiào shénme míngzi"（名前は何と言いますか？）なら、"**我叫……**。Wǒ jiào"（私は…と言います）とフルネームで答えます。

Dì sān kè   Chēnèihuìhuà
第三课　车内会话

CD13

（出迎えの車内にて四人が楽しそうに会話を交わしています）

Měixuě   Nǐ jiā yǒu jǐ kǒu rén
爸爸：美雪，你家有几口人？

Wǔ kǒu rén   bà ba   mā ma   gē ge   jiějie hé wǒ
美雪：五口人：爸爸、妈妈、哥哥、姐姐和我，

hái yǒu liǎngtiáo gǒu   Nín jiā ne
还有 两 条 狗。您家呢？

Zhè bu shi dōu zài zhèr   ne ma   Hā ha ha
妈妈：这 不 是 都 在 这儿 呢 吗？　（全体：哈哈哈！）

Wǒ jiā yí gòng sān kǒu rén   méi yǒu nǐ jiā rè nao
妈妈：我家一共三口人，没有你家热闹。

Zhè bu shi yě hěn rè nao ma
美雪：这 不 是 也 很 热闹 吗？　（笑）

Nǐ lái le   jiù gèng rè nao le
妍妍：你 来 了，就 更 热闹 了。

文　法

1　接続詞 "和"

　　"和" は対等の成分を並べるときに使われます。並列成分が三つ以上あるときは、最後の二つの成分の間に用い、その前の各成分の間には「、」を用います。「…と」「及び」「並びに」

Nín hé wǒ
您 和 我。　あなたさまと私。（您：あなたさま）

Měixuě hé Yányan
美雪 和 妍妍。　美雪さんと妍妍さんです。

Bà ba   mā ma   gē ge   jiějie hé wǒ
爸爸、妈妈、哥哥、姐姐和我。　父、母、兄、姉と私です。

24

2 反語の "这不是……吗？"

「(これは／こちらは) …ではないか」

Zhè bu shi Měixuě ma
这 不是 美雪 吗？　こちらは美雪さんではありませんか？

Zhè bu shi Yányan ma
这 不是 妍妍 吗？　こちらは妍妍さんではありませんか？

Zhè bu shi yě hěn rènao ma
这 不是 也 很 热闹 吗？　ここもとても賑やかではありませんか？

3 比較の "没有"

比較を表す "比" の否定形です。

文型： "没有" ＋名詞＋形容詞 「…ほど…ない」

Nǐ jiā bǐ wǒ jiā rènao
你家 比 我家 热闹。　お宅は私の家より賑やかです。

Wǒ jiā méiyǒu nǐ jiā rènao
→我家 没有 你家 热闹。　私の家はお宅ほど賑やかではありません。

Měixuě bǐ Yányan dà
美雪 比 妍妍 大。　美雪さんは妍妍さんより年上です。

Yányan méiyǒu Měixuě dà
→妍妍 没有 美雪 大。　妍妍さんは美雪さんの年上ではありません。

4 数詞 "两"

"二" の後に助数詞が来る場合、"二" ではなく、"两" を使います。

Wǒ bǐ nǐ dà liǎngsuì
我 比 你 大 两 岁。　私はあなたより二歳年上です。

Bàba bǐ māma dà liǎngsuì
爸爸 比 妈妈 大 两 岁。　父は母より二歳年上です。

Wǒ jiā yǒu liǎng tiáo gǒu
我家 有 两 条 狗。　私の家に犬が二匹います。

5 副詞 "不" と "没" の違い

"不" は、主に意志・願望・習慣・状態の発生等の否定を表し、過去・現在・未来に使えます。

"没"は、客観的に述べ、実現していない、行為が存在していない、状態が起こっていないことを表し、未来に使いません。

Wǒ bù chī
我 不 吃。　私は食べません。（吃：食べる）

Wǒ méi chī
我 没 吃。　私は食べませんでした（…ていません）。

Tā bú shàng chē
他 不 上 车。　彼は車に乗りません。

Tā méi shàng chē
他 没 上 车。　彼は車に乗りませんでした。

补充内容 Bǔchōng nèiróng
（家族と親戚の呼び方）

yé ye
爷爷（父方のおじいさん、祖父）

nǎinai
奶奶（父方のおばあさん、祖母）

lǎo ye
老爷（母方のおじいさん、祖父）

lǎolao
姥姥（母方のおばあさん、祖母）

dì di
弟弟（弟、弟さん）

mèimei
妹妹（妹、妹さん）

dà ye
大爷（父の兄、伯父さん）

dà niáng
大娘（父の兄の配偶者、伯母さん）

shūshu
叔叔（父の弟、叔父さん）

shěnr
婶儿（父の弟の配偶者、叔母さん）

gū gu
姑姑（父の姉妹、おばさん）

gū fu
姑父（父の姉妹の配偶者、おじさん）

jiùjiu
舅舅（母の兄弟、おじさん）

jiù mā
舅妈（母の兄弟の配偶者、おばさん）

yí
姨（母の姉妹、おばさん）

yí fu
姨父（母の姉妹の配偶者、おじさん）

練習問題

一、次のピンインを漢字に書き直してください。

chē nèi _____　　huì huà _____
jiā _____　　jǐ kǒu rén _____
quántǐ _____　　māma _____
bàba _____　　yígòng _____

二、次の漢字をピンインに書き直してください。

都在 _____　　全体 _____
家 _____　　几口人 _____
哥哥 _____　　还 _____
两条狗 _____　　这不是 _____
爸爸 _____　　妈妈 _____

三、次の空欄を埋めて、二人で会話を練習しましょう。

A：你家有几口人？
Nǐ jiāyǒu jǐ kǒurén

B：有（　）口人：　、　　、　　、　　、　　、
Yǒu　　kǒurén

　　　　、　　、和我（, 还有　　　　　　）。
　　　　　　　hé wǒ　　háiyǒu

A：你家呢？
Nǐ jiā ne

B：我家有　　、　　、　　、　　、　　、和我。
Wǒ jiāyǒu　　　　　　　　　　　　　　　hé wǒ

四、本文の内容に即して括弧内に適切な語句を記入してください。

1　問い：美雪家有几口人？
Měixuějiāyǒu jǐ kǒurén

　　　　答え：美雪家有（　　）口人。

2　問い：妍妍家有几口人？

　　　　答え：妍妍家有（　　）口人。

3　問い：美雪家有几条狗？

　　　　答え：美雪家有（　　）条狗。

五、次の日本語を中国語に訳してください。

1　美雪さん、ご家族は何人ですか？

2　五人家族です。父、母、兄、姉と私ですが、犬も二匹います。お宅は？

3　ほら、皆ここにいるのではありませんか？（全員：わはは！）

4　私のうちは合計三人で、お宅ほど賑やかではありません。

5　こちらもとても賑やかではありませんか？

6　あなたが来たからこそ、ますます賑やかになりますよ。

ハルビン医科大学の正門　　　ハルビン大劇院

第四課　ホームステイ先にて

太陽島

新出語句（词语 Cíyǔ）

家庭 jiātíng	名 家庭、所帯、家族	**寄宿** jìsù	名 動 寄宿（する）
进 jìn	動（ある場所に）入る	**换** huàn (+上 shang)	動（…に）履き替える
双 shuāng	助数（対で一揃いの物を数える）	**拖鞋** tuōxié	名 スリッパ
好 hǎo	副 ほんとうに、とても	**可爱** kě'ài	形 可愛い、愛すべき
喜欢 xǐhuan	動 好きだ、好く、好む	**的话** de huà	助 …ということなら
回国 huíguó	動 国へ帰る、帰国する	**时** shí	名 …の時
就 jiù	副 …ならば…	**带** dài	動 携帯する、持つ
回去 huí qu	動 元の場所へ戻っていく	**真** zhēn	副 本当、本当に
不好意思 bùhǎoyìsi	慣 申し訳ない、恐縮だ	**坐** zuò	動 座る、乗る
喝 hē	動 飲む	**茶** chá	名 お茶
敞亮 chǎngliàng	形 広々として明るい	**客厅** kètīng	名 応接間、客間

小视窗 (Xiǎo shìchuāng)

お茶（茶 chá）は中国が原産地でその栽培・製造・飲用等は中国で始まり、3000年以上の歴史があります。伝説では、神農氏が薬草を探して命がけで百草を食べ歩いた時にお茶に出会ったそうです。紀元前、お茶は漢方薬として利用されていましたが、飲み物になるのは 2000 年前の西漢頃からでした。お茶はコーヒー、ココアと並び世界の三大飲料（三大饮料 Sān dà yǐnliào）と呼ばれています。

Dì sì kè　jiātíng jì sù
第四课　家庭寄宿

CD15

（ホームステイ先に着きました）

Qǐng jìn　Qǐng huàn shang zhèi shuāng tuōxié
妈妈：**请 进！请 换 上 这 双 拖鞋。**

Ā　Hǎo kě´ài
美雪：**啊！好 可爱！**

Nǐ xǐ huan de huà　huí guó shí jiù dài hui qu
爸爸：**你 喜欢 的 话，回 国 时 就 带 回去。**

Zhēn de　Bù hǎo yì si　xièxie shūshu
美雪：**真 的？不 好 意思，谢谢 叔叔！**

Qǐng zuò　Qǐng hē chá
妍妍：**请 坐。请 喝茶。**

Xiè xie　Hǎo chǎng liàng de kè tīng
美雪：**谢谢。好 敞 亮 的 客厅。**

文　法

1　"换" + "上"

　"换" + "上" からなっていますが、"上" は動詞の後に結果補語として用いられ、動作の結果、あるものに付着したり高所や一定の目標や程度に到達したりすることを表します。この場合の "上" は軽声となります。「（…に）履き替える」「（…に）着替える」

Qǐng chuān shang
请 穿 上。　きちんと着（履い）てください。（ chuān 穿：着る、履く）

Qǐng huàn shang tuōxié
请 换 上 拖鞋。　スリッパに履き替えてください。

Kǎo shang dà xué le
考 上 大学 了。　大学に受かりました。（kǎoshang dà xué 考 上 大学：大学入試に受かる）

30

2 "这" ＋助数詞

　　"这" の後ろに数詞が無くて助数詞が来る場合、話し言葉では、"zhèi" と発音します。（zhè+yi→zhèi：数詞 "一" の "y" を省略した）「この…」

Zhèi shuāng tuōxié
这 双 拖鞋。 この（一足の）スリッパ。

Zhèi jiàn yī fu
这 件 衣服。 この（一着の）服。（件：枚、着）（衣服：着物、上着）

Zhèi liàng chē hǎo piàoliang
这 辆 车 好 漂 亮！ この車はとても素敵ですね。（辆：台、輌）

＊指示代名詞の "那" と "哪" も後ろに助数詞が来る場合、話し言葉では変化
　があります。

"那" ＋ "本" （nà běn）（文）→ "nèi běn"（口）

"哪" ＋ "位" （nǎ wèi）（文）→ "něi wèi"（口）

3 助詞 "……的话"（口）

仮定を表し、よく副詞の "就" と呼応して用いられます。「…なら」

Nǐ xǐhuan de huà jiù chī ba
你 喜欢 的 话，就 吃 吧。 好きなら食べなさい。

Nǐ xǐhuan de huà jiù dài hui qu
你 喜欢 的 话，就 带 回 去。 好きなら持ち帰りなさい。

Nǐ jiā rè nao de huà jiù qù nǐ jiā
你 家 热闹 的 话，就 去 你 家。 お宅は賑やかならお宅に行きます。（去：行く）

4 副詞 "好"

　　文型：**"好" ＋形容詞** 多くは感嘆の気持ちを含みます。「とても」「なんて」「本当に」

Hǎo chǎngliàng de kè tīng
好 敞 亮 的 客厅。 非常に広くて明るい客間ですね。

Hǎo piàoliang de huàr
好 漂 亮 的 画儿。 なんと素敵な絵だこと。

Hǎo kě'ài de tuōxié
好 可 爱 的 拖鞋。 ずいぶん可愛いスリッパですね。

＊次のような固定した使い方もあります。

Hǎochī
好吃。 食べ物がおいしい。

Hǎo hē
好喝。 飲み物がおいしい。

Hǎokàn
好看。 美しい、綺麗だ、面白い。 （看 kàn：見る）

补充内容 Bǔchōng nèiróng

tóuténg　　tóutòng
头疼（口）= 头痛（文） 頭が痛い

fā shāo
发烧　熱が出る、発熱する

sǎngzi
嗓子　喉

fā yán
发炎　炎症を起こす

shìshi tǐwēn
试试 体温　体温を測ってみる

sānshi qī dù
三十七度　三十七度

gǎnmào
感冒　風邪

kāiyào
开药　薬を出す、処方箋を出す

àn shí
按时　時間どおりに

hǎohāor xiūxi
好好儿休息　よく休む

　　　　ミニ会話

Dài fu hǎo
患者：大夫 好！

Nǐ hǎo Zěnme le
医生：你好！怎么了？

Wǒ tóuténg hái fā shāo
患者：我 头疼，还 发烧。

Wǒ kànkan sǎngzi　　ā－　yǒudiǎnr fā yán　Shìshi tǐwēn　　Sānshi
医生：我 看看 嗓子。啊－，有点儿 发炎。试试 体温。……三十

qī dù　　shì gǎnmào Kāi diǎnr yào Àn shí chīyào hǎohāor xiūxi
七度……是 感冒。开 点儿 药。按时 吃药，好好儿 休息。

患者：先生、こんにちは。　　医者：こんにちは。どうしましたか？
患者：頭が痛いし、熱もあります。
医者：喉を見せて、アーン、少し炎症があります。体温を測ってみましょう。…３７度…風邪ですね。薬を出しますから、時間通りに飲んでよく休みなさい。

練習問題

一、次の漢字をピンインに、ピンインを漢字に書き直してください。

 1　请进！　　＿＿＿＿＿＿＿＿＿＿＿＿＿＿＿＿＿＿＿
 2　好可爱！　＿＿＿＿＿＿＿＿＿＿＿＿＿＿＿＿＿＿＿
 3　请坐。　　＿＿＿＿＿＿＿＿＿＿＿＿＿＿＿＿＿＿＿
 4　Qǐng hē chá。　＿＿＿＿＿＿＿＿＿＿＿＿＿＿＿＿
 5　Bù hǎo yìsi。　＿＿＿＿＿＿＿＿＿＿＿＿＿＿＿＿

二、副詞"好"を使って短文を作ってください。

 1　なんと可愛いこと。　　　　　　　＿＿＿＿＿＿＿＿＿＿＿＿＿
 2　とても奇麗です（漂亮 piàoliang）。＿＿＿＿＿＿＿＿＿＿＿＿＿
 3　とても広くて明るいです。　　　　＿＿＿＿＿＿＿＿＿＿＿＿＿
 4　非常に賑やかです。　　　　　　　＿＿＿＿＿＿＿＿＿＿＿＿＿

三、漢字とピンインと意味の同じものを線で結んでください。

 1　请进！　・　　Qǐng zuò　　・　どうぞ、お座りください。

 2　请坐。　・　　Qǐng hē chá　・　どうぞ、お入りください。

 3　请喝茶。・　　Qǐng jìn　　・　どうぞ、お茶をお飲みください。

四、括弧の中に適切な副詞を入れてください。

 1　请（　　）关照。
 2　（　　）敞亮的客厅。
 3　（　　）有两条狗。

33

4 这不是（　　）在这儿呢吗？
5 你喜欢的话，回国时（　　）带回去。

五、次の中国語を日本語に訳してください。

1 你喜欢的话，就带回去。＿＿＿＿＿＿＿＿＿＿＿＿＿＿＿＿＿
2 不好意思，谢谢阿姨！＿＿＿＿＿＿＿＿＿＿＿＿＿＿＿＿＿
3 你换上这双拖鞋吧。＿＿＿＿＿＿＿＿＿＿＿＿＿＿＿＿＿
4 你喝茶吗？＿＿＿＿＿＿＿＿＿＿＿＿＿＿＿＿＿

六、次の日本語を中国語に訳してください。

1 どうぞ入ってください。このスリッパに履き替えてください。

2 あら、なんと可愛いこと。

3 好きなら帰国の時に持ち帰って良いです（よ）。

4 本当ですか？恐縮です。叔父さん、ありがとうございます。

5 座ってください。お茶をどうぞ。

6 ありがとうございます。非常に広くて明るい客間ですね。

méiguichá
玫瑰茶（マイカイ茶）

第五課　山水画の鑑賞

山水画

新出語句（词语 Cíyǔ）

CD16

欣赏 xīnshǎng	動 鑑賞する、楽しむ		山水画 shānshuǐhuà	名 山水画
谁 shéi	代 (口)誰、どなた		作品 zuòpǐn	名 作品
画 huà	動 描く		得 de	助 (動詞+"得"+補語)
好 hǎo	形 よい、上手だ		画家 huàjiā	名 画家、絵かき
就 jiù	副 (強調を表す)…が		身边 shēnbiān	名 そば、身辺
啊 à	嘆 ああ、まあ		太 tài	副 あまりにも…すぎる
棒 bàng	形 素晴らしい		过奖 guòjiǎng	慣 褒めすぎる
字 zì	名 字、漢字、文字		写 xiě	動 (字を)書く
漂亮 piàoliang	形 奇麗だ、美しい		哪里 nǎli	挨 どういたしまして
不敢当 bùgǎndāng	慣 恐縮だ		让 ràng	前置 (…に)…させる
给 gěi	前置 (受け手)に		幅 fú	助数 幅、枚

小视窗（Xiǎo shìchuāng）

　中国水墨画は、題材により人物画(**人物画** rén wù huà)、山水画(**山水画** shān shuǐ huà)、花鳥画(**花鸟画** huā niǎo huà)等に分けられ、技法により細部まで綿密に描く細密画(**工笔画** gōng bǐ huà)と画家の心意を描写する写意画(**写意画** xiě yì huà) に分けられます。中国の唐代に水墨画が始まり、日本には鎌倉時代に伝来し、禅宗文化の興隆と共に発達してきたとされます。

第五课 欣赏山水画
Dì wǔ kè　Xīnshǎngshānshuǐhuà

（美雪さんが客間の山水画を見ています）

美雪：这是谁的作品？画得真好！
　　　Zhè shì shéi de zuòpǐn　Huà de zhēn hǎo

妈妈："画家"就在你身边。
　　　Huàjiā jiù zài nǐ shēnbiān

美雪：啊！是妍妍画的吗？太棒了！
　　　À　Shì Yányan huà de ma　Tài bàng le

妍妍：过奖过奖！美雪姐字写得很漂亮。
　　　Guòjiǎng guòjiǎng　Měixuě jiě zì xiě de hěn piàoliang

美雪：哪里哪里，太不敢当了。
　　　Nǎ li nǎ li　tài bù gǎndāng le

妈妈：让妍妍给你画一幅吧。
　　　Ràng Yányan gěi nǐ huà yì fú ba

文法

1　助詞 "得"

動詞の後に用い、動作の程度や結果の状態を表す補語を導きます。

文型：動詞＋"得"（＋副詞）＋形容詞

画得真好！　本当に上手に描いていますね。
Huà de zhēn hǎo

字写得很漂亮。　字がとても奇麗です。
Zì xiě de hěn piàoliang

妈妈做得很好吃。　母が作った料理はとてもおいしいです。
Māma zuò de hěn hǎochī

＊目的語を伴う場合、同じ動詞が二回使われます。話し言葉では、前の動詞をよく省略します。

文型：動詞A＋目的語＋動詞A＋"得"（＋副詞）＋形容詞（程度補語・様態補語）

Yányan huàhuàr　huà de zhēn hǎo
妍妍 画画儿 画 得 真 好！

妍妍さんは絵を描くのが本当に上手ですね。

Yányan huàr　huà de zhēn hǎo
妍妍 画儿 画 得 真 好！

Měixuě jiě xiě zì xiě de hěn piàoliang
美雪 姐 写字 写 得 很 漂 亮。

美雪姉さんは字を書くのがとても奇麗です。

Měixuě jiě zì xiě de hěn piàoliang
美雪 姐 字 写 得 很 漂 亮。

2 "太……了"

性質や状態の程度が一定限度を超えることを表しますが、多く賛嘆を表すのに用います。「あまりにも…すぎる」「甚だしく」「とても」「すごく」

文型："太"＋形容詞・動詞＋"了"

Tài bàng le
太 棒 了！　最高！（素晴らしいです！）

Tài hǎochī le
太 好吃 了！　すごくおいしいです。

Tài bù gǎndāng le
太 不 敢 当 了。　誠に恐れ入ります。

3 使役表現の"让"

「(…に) …させる」

Ràng Yányan gěi nǐ huà yì fú ba
让 妍妍 给 你 画 一幅 吧。　妍妍にあなたへ一枚描かせましょう。

Ràng nín jiǔ děng le
让 您 久 等 了。　お待たせしました。

Qǐng ràng wǒ guò qu
请 让 我 过去。　私を通してください。

4 強調の"是……的"

文型："是"＋動詞＋"的" 文型中の内容を強調します。「…したのだ」

Shì shéi xiě de
是 谁 写 的?　誰が書いたのですか?

Shì Yányan huà de ma
是 妍妍 画 的 吗?　妍妍さんが描いたのですか?

37

Duì shì Yányan huà de
对，是 妍妍 画 的。　　はい、妍妍が描いたのです。

5　"画 huà" と "画儿 huàr" の違い

　"画 huà" は描くという動詞ですが、"画儿 huàr" は絵という意味の名詞です。"画画 huàhuà"（絵を描く）と言っても通じることは通じますが、文章表現なのでかたい感じです。"画画 huàhua"（ちょっと描いてみる）という言い方もありますから要注意。
　次の文はどういう意味か当ててみてください。

Wǒ huàhuà
我 画画。

Wǒ huàhua
我 画画。

Wǒ huàhuàr
我 画画儿。

＊中国語と日本語の漢字を比較してみましょう。
　「画」は中国語の "画" と微妙に違うことに気付きましたか？

补充内容 Bǔchōng nèiróng

zhǎng de kě'ài　　　　　　　　shuō Hànyǔ
长 得 可爱　容貌が可愛い　　　说 汉语　中国語を話す

ミニ会話

Nǐ zhǎng de zhēn kě'ài
你 长 得 真 可爱！　　あなたは本当に可愛い顔をしていますね。

Nǐ Hànyǔ shuō de zhēn hǎo
你 汉语 说 得 真 好！　　あなたは中国語が本当に上手ですね。

38

練 習 問 題

一、次のピンインを漢字に書き直してください。

piàoliang_____　　bù gǎndāng_____
zhēn_____　　bàng_____
zuòpǐn_____　　nǎli_____
huà jiā_____　　shuǐmòhuà_____
xīnshǎng_____　　shéi_____
huà_____　　hǎo_____

二、次の漢字をピンインに書き直してください。

棒_____　　谁_____
漂亮_____　　欣赏_____
作品_____　　画家_____
过奖_____　　身边_____
意思_____　　哪里_____

三、括弧の中の言葉を使い、下線部分の置き換え練習をしてください。

＊太<u>棒</u>了。（<u>好吃</u>。<u>好喝</u>。<u>漂亮</u>。）
　1
　2
　3
＊真<u>棒</u>！（<u>好吃</u>。<u>好喝</u>。<u>漂亮</u>。）
　1
　2
　3

四、下の括弧の中から適切な副詞を選んで文を完成してください。

　1　妍妍画得（　　）好！
　2　"画家"（　　）在你身边。
　3　（　　）不敢当了。

4　写得（　　）漂亮。

　　（就、很、真、太）

五、次の中国語を日本語に訳してください。

　　1　她画得很好。
　　2　我画画儿画得不好。
　　3　爸爸说得不好。
　　4　妈妈比爸爸说得好。

六、次の日本語を中国語に訳してください。

　　1　これは誰の作品ですか？本当に上手に描いていますね。

　　2　「絵描き」があなたのそばにいますよ。

　　3　あら、妍妍さんが描いたのですか？素晴らしいわ。

　　4　褒め過ぎです。美雪姉さんは字がとても奇麗ですよ。

　　5　いえ、どういたしまして。本当に恐れ入ります。

　　6　妍妍にあなたへ一枚描かせましょう。

山水画

第六課　夕食 (レストランにて)

ロシア料理店

新出語句 (词语 Cíyǔ)

餐厅 cāntīng	名 レストラン	共进 gòng jìn	連 食事を共にする
晚餐 wǎncān	名 晚餐、夕食	啤酒 píjiǔ	名 ビール
黑加仑 hēi jiālún	名 クロスグリ	好(的) hǎo(de)	嘆 宜しい、良い、はい
为 wèi	前置 …のために	到来 dàolái	名 到来、来臨(する)
干杯 gānbēi	動 乾杯する (…しよう)	今后 jīnhòu	名 今後、以後
会 huì	助動 だろう、するはずだ	全家 quánjiā	名 一家、全家族
添麻烦 tiān máfan	連 面倒をかける	别 bié	副 (する)な、しないで
想 xiǎng	助動 …したい	什么 shénme	代 何、どんなもの
告诉 gàosu	動 知らせる、伝える	做 zuò	動 する、作る

小视窗 (Xiǎo shìchuāng)

　"华梅西餐厅 Huáméi xī cāntīng"（華梅レストラン）は、1925 年に創業されて以来、ハルビンにおけるロシア料理の名店として全国に名を馳せて来ました。商務部から「中華老舗」という称号を授与され、2000 年には"烤奶汁桂鱼 Kǎo nǎizhī Guì yú"が貿易局により「中華名料理」として選定されました。ここにいれば、あたかもロシアにいるかのように有名な"俄式大菜 Éshì dàcài"（ロシア料理）を堪能できるばかりでなく、古典ロシア風格の装飾や浮き彫り等を楽しむこともできます。

第六课　在餐厅共进晚餐
Dì liù kè　Zài cāntīng gòng jìn wǎncān

(90年の歴史もある華梅レストランで食事をしています)

妍妍：爸爸 妈妈 喝 啤酒，我 和 美雪 姐 喝 黑加仑。
　　　Bà ba mā ma hē pí jiǔ, wǒ hé Měixuě jiě hē hēijiālún

爸爸：好！为 美雪 的 到来 干杯！（全体：干杯！）
　　　Hǎo Wèi Měixuě de dàolái gānbēi　　　　Gānbēi

美雪：今后 会 给 全家 添 麻烦 的。
　　　Jīnhòu huì gěi quánjiā tiān má fan de

妈妈：别 客气，想 吃 什么，就 告诉 我。
　　　Bié kè qi xiǎng chī shén me jiù gào su wǒ

美雪：好的。您 做 什么，我 都 喜欢 吃。
　　　Hǎo de Nín zuò shén me wǒ dōu xǐ huan chī

妍妍：美雪 姐 想 吃 什么，我 妈妈 都 会 做。
　　　Měixuě jiě xiǎng chī shén me wǒ mā ma dōu huì zuò

文 法

1　前置詞 "为"

原因や目的・動機を示します。「…のために」

为 美雪 的 到来 干杯！　美雪さんを歓迎するために乾杯しましょう！
Wèi měixuě de dàolái gānbēi

为 你 高兴！　あなたのために嬉しく思います。
Wèi nǐ gāoxìng

为 爸爸 妈妈 干杯！　父さんと母さんのために乾杯！
Wèi bà ba mā ma gānbēi

2　助動詞 "会"

可能性があることを表します。「…するだろう」「…するはずだ」

Jīnhòu huì gěi quánjiā tiān máfan de
今后 会给 全家 添 麻烦 的。　これからはお世話になります。

Jīntiān huì xià yǔ ba
今天 会 下雨 吧?　今日は雨が降るでしょうか?（下雨：雨が降る）

Jīntiān bú huì xià yǔ de
今天 不会 下雨 的。　今日は雨が降らないはずです。

3　禁止を表す"别"

「…するな」「…しないで」

Bié chī le
别 吃 了。　もう食べないで。

Bié hē le
别 喝 了。　もう飲まないで。

Bié kè qi zài chī diǎnr
别 客气，再 吃 点儿。　遠慮なくもっと食べなさい。

4　"什么都……"と"什么都不（也不）……"

全面肯定：疑問詞の"什么"＋"都……"「何でも」「いかなるものも」

Wǒ shén me dōu chī
我 什么 都 吃。　私は何でも食べます。

Wǒ hē shén me dōu hǎo hē
我 喝 什么 都 好喝。　私は何を飲んでもおいしいです。

Nín zuò shén me wǒ dōu xǐ huan chī
您 做 什么，我 都 喜欢 吃。　私は作ってくださった物を何でも食べた

いです。

全面否定：疑問詞の"什么"＋"都不（也不）……"「…も…ない」

Wǒ shén me dōu bù hē
我 什么 都 不 喝。　私は何も飲みません。

Tā shén me dōu bù xǐ huan
她 什么 都 不喜欢。　彼女は何もかも好きではありません。

Wǒ shén me dōu bù yě bù xiǎng chī
我 什么 都 不(也不) 想 吃。　私は何も食べたくないです。

43

＊漢詩を楽しむ

Ǒu chéng
偶　成　（Sòngdài ZhūXī 宋代　朱熹）

Shàonián yì lǎo xué nán chéng
少年易老学难成，
yí cùn guāngyīn bù kě qīng
一寸　光阴　不可　轻。
Wèi jué chítáng chūncǎo mèng
未觉　池塘　春草　梦，
jiē qián wú yè yǐ qiūshēng
阶　前　梧叶　已　秋声。

訳：少年老い易く学成り難し、一寸の光陰軽んずべからず。
　　いまだ覚めず池塘春草の夢、階前の梧葉既に秋風の音。

补充内容 Bǔchōng nèiróng

中国菜 Zhōngguó cài　中華料理　　　日本菜 Rìběn cài　日本料理
法国菜 Fǎguó cài　フランス料理　　韩国料理 Hánguó liàolǐ　韓国料理
西餐 xīcān　西洋料理　　酸 suān　すっぱい　　甜 tián　甘い
苦 kǔ　苦い　　辣 là　辛い　　咸 xián　塩辛い

ミニ会話

A：你喜欢哪国菜？(Nǐ xǐhuan něi guó cài)　どの国の料理が好きですか？
B：哪国菜我都喜欢。(Něi guó cài wǒ dōu xǐhuan)　どの国の料理も好きです。
A：我不能吃辣的。(Wǒ bù néng chī là de)　私は辛いものが食べられません。

練 習 問 題

一、次の漢字をピンインに、ピンインを漢字に書き直してください。

添麻烦＿＿＿＿＿＿＿＿＿＿　　　今后＿＿＿＿＿＿＿＿＿＿＿＿

喝啤酒＿＿＿＿＿＿＿＿＿＿　　　干杯＿＿＿＿＿＿＿＿＿＿＿＿

yǐhòu ＿＿＿＿＿＿＿＿＿＿　　bié kèqi＿＿＿＿＿＿＿＿＿＿

xiǎng chī＿＿＿＿＿＿＿＿＿　hēi jiālún＿＿＿＿＿＿＿＿＿

二、次の文を否定文に書き直してください。

1　我和美雪姐喝啤酒。　＿＿＿＿＿＿＿＿＿＿＿＿＿＿＿

2　爸爸和妈妈喝黑加仑。　＿＿＿＿＿＿＿＿＿＿＿＿＿＿

3　妈妈做什么我都喜欢吃。＿＿＿＿＿＿＿＿＿＿＿＿＿＿

三、下から適切な前置詞を選んで括弧の中に書き入れてください。

1　我（　　　）美雪姐喝黑加仑。

2　（　　　）美雪干杯！

3　今后会（　　　）全家添麻烦的。

（为、比、给、和）

四、下から適切な副詞を選んで括弧の中に書き入れてください。

1　（　　　）客气。

2　想吃什么，（　　　）告诉我。

3　您做什么，我（　　　）喜欢吃。

（都、就、还、别）

45

五、次の日本語を中国語に訳してください。

1 パパとママはビールを飲みますが、私と美雪姉さんは「カシスジュース」を飲みます。

2 よし、美雪さんの来臨を歓迎するために乾杯しましょう！（乾杯！）

3 これからはお世話になります。

4 遠慮しないで、食べたい物があったら、私に言いなさい。

5 はい。私は叔母さんが作ってくださった物を何でも食べたいです。

6 美雪姉さんが食べたいものは何でも母は作れますよ。

"哈尔滨啤酒 Hā'ěrbīn píjiǔ（ハルビンビール）"は"哈啤（「ハーピー」）"と略され、中国ビールのブランド名で、1900年から製造しています。年間消費量は30万トン余りで人口一人当たりの消費量は全国で一位を占めています。ハルビンビールは2010年と2014年のFIFAワールドカップの公式ビールとして認定され、世界にも注目されるようになりました。主な銘柄にはハルビンビール、小麦王、ドライビールがあり、また生ビール（**生啤酒** shēng píjiǔ）とラガービール（**熟啤酒** shú píjiǔ）もあります。

"大列巴（dà liě bā 手前のパン）" 2.5Kg

ハルビン国際ビール祭り

第七課　朝食

朝食

新出語句（词语 Cíyǔ）

早饭 zǎofàn　　名 朝食、朝ご飯
这么 zhème　　代 こんなに（も）
一定 yídìng　　副 必ず、きっと
粗 cū　　形 粗末（粗雑）である
(一)点儿 diǎnr　　助数 少し
水饺儿 shuǐjiǎor　　名 水ギョーザ
烧麦 shāomai　　名 シューマイ
品尝 pǐncháng　　動 味を見る、味わう

饭 fàn　　名 ご飯、飯、食事
丰盛 fēngshèng　　形 豊富だ、盛りだくさん
好吃 hǎochī　　形 （食べ物が）おいしい
淡 dàn　　形 （味が）薄い、淡い
最 zuì　　副 一番、最も
包子 bāozi　　名 肉まんじゅう
是的 shì de　　（肯定の返事）はい、そうだ
一下儿 yíxiàr　　数量 ちょっと…してみる

小视窗 (Xiǎo shìchuāng)

"粗茶淡饭 cū chá dàn fàn" は四字成語で、"淡饭粗茶 dànfàn cū chá" とも言います。"粗茶" は番茶のこと、"淡饭" は簡単な食事、つまり質素な食事（粗末な飲食物）の意味です。中国人はお客さんを招待する場合、出す（出した）料理など皆粗末なもので、遠慮しなくて良いという意味でよく使われます。しかし、自分が招待された場合、絶対使ってはいけないタブー表現の一つです。

Dì qī kè Chīzǎofàn
第七课　吃早饭

CD22

（朝、台所からおいしい香りが漂ってきました）

Fàn zuò hǎo le　chī fàn le
妈妈：饭 做 好 了，吃 饭 了！

Zhè me fēngshèng a　yí dìng hěn hǎochī
美雪：这么 丰 盛 啊，一 定 很 好吃！

Dōushì cū chá dànfàn　duō chī diǎnr
妈妈：都是 粗茶 淡饭，多 吃 点儿。

Nǐ zuì xǐ huan chī shén me
你 最 喜欢 吃 什么？

Wǒ zuì xǐ huan chī shuǐjiǎor
美雪：我 最喜欢 吃 水 饺儿。

Nà nǐ yí dìng hái xǐ huan bāo zi hé shāo mai
妈妈：那 你 一定 还喜欢 包子 和 烧 麦。

Shì de　wǒ dōu xiǎng pǐncháng yí xiàr
美雪：是的，我 都 想 品尝 一下儿。

文　法

1　結果補語"好"

動詞の後に置きその動作の結果が満足できることや完了を表します。

文型：動詞＋"好"＋"了"。

Fàn zuò hǎo le
饭 做 好 了。　ご飯ができました。

Wǒ chīhǎo le
我 吃好 了。　ごちそうさまでした。

Xiě hǎo le ma
写 好 了吗？　書き上げましたか？

2　助数詞"（一）点儿"

述語の後に使われ、話し言葉ではよく"一"を省略します。「少し」

48

Duō chī diǎnr
多 吃 点儿。　たくさん食べなさい。少し多めに食べます。

Zài hē diǎnr
再 喝 点儿。　もっと飲みなさい。もう少し飲みます。

Jīntiān hǎo diǎnr　le
今天 好 点儿 了。　今日は少しよくなりました。

3　心理動詞 "喜欢"

単独の動詞として使われるほか、他の動詞の前に置き、その動作をすることが好きだということを表すこともできます。「好きだ」「好く」

Tā xǐhuan nǐ
他 喜欢 你。(単独の動詞)　彼はあなたが好きなようです。

Nǐ xǐhuan chī shén me
你 喜欢 吃 什么?　("喜欢" ＋動詞)　食べ物は何がお好きですか?

Wǒ xǐhuan chī shuǐjiǎor
我 喜欢 吃 水饺儿。("喜欢" ＋動詞)　私は水ギョーザが好きです。

4　副詞の役割

主に動詞か形容詞の前に置き、連用修飾語として用いられます。

Yídìng hěn hǎochī
一定 很 好吃!　きっと大変おいしいでしょう。

Dōu shì cū chádànfàn
都 是 粗茶淡饭。　全部粗末な食事です。

Nǐ zuì xǐhuan chī shén me
你 最 喜欢 吃 什么?　一番お好きな食べ物は何ですか?

5　助動詞 "想"

文型："想" ＋動詞……。　「…したい」

Wǒ xiǎng hē chá
我 想 喝 茶。　私はお茶を飲みたいです。

Tā xiǎng chī shuǐjiǎor
他 想 吃 水饺儿。　彼は水ギョーザを食べたいのです。

Wǒ dōu xiǎng pǐncháng yí xiàr
我 都 想 品尝 一下儿。　私は全部食べてみたいです。

49

6　"不"と"一"の声調の変化

"不"と"一"は、それぞれ後ろの語の声調の影響を受けて声調が変化します。

例えば、"不"は第四声ですが、その後にさらに第四声が来ると、発音しにくくなります。この場合、第二声に変わると、発音しやすくなります。つまり、上がって下がるというパターンになります。

　　Bù qù　　　Bú qù
　　不去。→不去。　行きません。

辞書などには"不"の声調符号は第四声で書かれていますが、その後に第四声が来る場合、"不"（bú）と発音されます。後に第一声、第二声と第三声が続く場合は第四声のままです。

"一"はもともと第一声で、後に第四声が続く場合のみ、"不"と同じように第二声になります。第一声、第二声と第三声が後に来る場合、"一"は第四声に変わります。

　　yī　qiān　　　　　　　yì　qiān
　　一＋千（第一声）　→　一　千　（"一"は第四声に変化）

　　yī　nián　　　　　　　yì　nián
　　一＋年（第二声）　→　一　年　（"一"は第四声に変化）一年（間）

　　yī　bǎi　　　　　　　　yì　bǎi
　　一＋百（第三声）　→　一　百　（"一"は第四声に変化）

　　yī　wàn　　　　　　　yí　wàn
　　一＋万（第四声）　→　一　万　（"一"は第二声に変化）

　　　　　 yī　　　dì yī
＊例外："一"、"第一"のような序数と順序の場合、声調は変わりません。

补充内容 Bǔchōng nèiróng

现在 xiànzài　現在、今　　　几点 jǐ diǎn　何時　　　差 chà　不足する、欠ける

2：03（两点零三分 liǎng diǎn líng sānfēn）　　2：00（两点整 liǎng diǎn zhěng 丁度二時）

7：55（差五分八点 chà wǔ fēn bā diǎn 八時五分前）　9：30（九点半 jiǔ diǎn bàn）

9：45（九点三刻 jiǔ diǎn sān kè）

ミニ会話

　　Xiànzài jǐ diǎn　　　　　　　　　　　Liǎngdiǎnshífēn
A：现在几点？　今何時ですか？　　B：两点十分。　2時10分です。

練 習 問 題

一、次の漢字をピンインに、ピンインを漢字に書き直してください。

    1　吃饭了！　　　　＿＿＿＿＿＿＿＿＿＿＿＿＿＿＿
    2　多吃点儿。　　　＿＿＿＿＿＿＿＿＿＿＿＿＿＿＿
    3　你最喜欢吃什么？　＿＿＿＿＿＿＿＿＿＿＿＿＿＿＿
    4　喜欢包子和烧麦。　＿＿＿＿＿＿＿＿＿＿＿＿＿＿＿
    5　cū chá dàn fàn　＿＿＿＿＿＿＿＿＿＿＿＿＿＿＿
    6　chī shuǐjiǎor　＿＿＿＿＿＿＿＿＿＿＿＿＿＿＿
    7　hěn hǎochī　＿＿＿＿＿＿＿＿＿＿＿＿＿＿＿

二、括弧の中に語句を書き入れて文を完成してください。

    1　饭做（　　　　），吃饭了！
    2　这么丰盛啊，一定（　　　　）好吃！
    3　都是粗茶淡饭，（　　　　）吃点儿。
    4　你（　　　　）喜欢吃什么？
    5　那你一定（　　　　）喜欢包子和烧麦。
    6　是的，我（　　　　）想品尝一下儿。

三、漢字とピンインと意味の同じものを線で結んでください。

    1　做好了。　・　　Duō chī diǎnr　　・とてもおいしいです。

    2　吃饭了。　・　　Zuòhǎo le　　・（食事が）できました。

    3　喜欢吃。　・　　Chīfàn le　　・たくさん食べなさい。

    4　多吃点儿。・　　Hěn hǎochī　　・食べるのが好きです。

    5　很好吃。　・　　Xǐhuan chī　　・ご飯ですよ。

四、自分の好きな食べ物について、会話を練習してください。

　　A：你喜欢吃什么？
　　B：我喜欢吃（　　　　　），还喜欢（　　　　　　　）。

五、次の日本語を中国語に訳してください。

1　ご飯が出来ましたよ。食べましょう。

2　こんなにも盛りだくさんですね。きっとおいしいでしょう。

3　全部普通の食事ですが、たくさん食べてください。一番好きな食べ物は何ですか？

4　一番好きな食べ物は水ギョーザです。

5　それなら、きっと肉まんとシューマイも好きでしょう。

6　はい、私は全部食べてみたいです。

「東方ギョーザ王」

第八課　昼食

チュンピン
春 餅

新出語句（词语 Cíyǔ）

午饭 wǔfàn	名 昼食、昼飯	春饼 chūnbǐng	名 中国風クレープ
来 lái	動 …にする（をください）	要 yào	動 …にする
蛋花汤 dàn huā tāng	名 とじ卵のスープ	用 yòng	前置 …で…（する）
卷 juǎn	動 巻く、巻き上げる	东坡肉 dōngpōròu	名 トンポーロー
青菜 qīngcài	名 野菜	可以 kěyǐ	助動 …できる、…て良い
再 zài	副 さらに	加 jiā	動 入れる、加える
酱 jiàng	名 味噌、肉味噌炒め	独特 dútè	形 独特である、特有の
风味儿 fēngwèir	名 特色、風味	手艺 shǒuyì	名 腕前、技術

小视窗 (Xiǎo shìchuāng)

　旧暦の二月二日に"春饼 chūnbǐng"を食べる習慣があります。この日は二十四節気の一つ啓蟄（けいちつ）の日で、地中に潜んでいた虫が目覚めて出てくることに由来し、竜も目覚めるそうです。旧暦二月二日は立春の日に当たり、民間では"龙抬头 lóng táitóu"（竜が台頭する）と言われ、「春餅」等を食べます。また、この日に髪を切る（"二月二剃龙头 èryuè èr tì lóngtóu"）風習も残っています。

第八课　吃午饭
Dì bā kè　Chī wǔ fàn

（テーブルの上においしそうな食べ物がいっぱい置いてあります）

妍妍：这是春饼。美雪姐来点儿什么？
　　　Zhè shì chūnbǐng. Měixuě jiě lái diǎnr shénme

美雪：我要春饼和蛋花汤。
　　　Wǒ yào chūnbǐng hé dànhuātāng

妍妍：用春饼卷上东坡肉和青菜，就可以吃了。
　　　Yòng chūnbǐng juǎn shang dōngpō ròu hé qīngcài jiù kě yǐ chī le

美雪：我没吃过……啊！太好吃了！
　　　Wǒ méi chī guo　Ā Tài hǎochī le

妍妍：再加点儿我妈妈做的酱，就更好吃了！
　　　Zài jiā diǎnr wǒ māma zuò de jiàng jiù gèng hǎochī le

美雪：真是独特的风味儿啊！阿姨的手艺真棒！
　　　Zhēn shì dú tè de fēngwèir a Ā yí de shǒu yì zhēn bàng

文　法

1　動詞の"来"

「来る」という意味の他に、注文する時にも使います。「…にする」「（…を）ください」

美雪姐来点儿什么？　美雪姉さんは何にしましょうか？
Měixuě jiě lái diǎnr shénme

给我来瓶黑加仑。　カシスジュースを一本ください。
Gěi wǒ lái píng hēijiālún

我来一瓶啤酒。　ビンビールを一本ください。（瓶：瓶）
Wǒ lái yì píng pí jiǔ　　　　　　　　　　　　　　píng

2　アスペクトを表す"过"

"过"は経験・体験があることを表しますが、"没"がその前に来ると否

定となります。

文型：**"没" +動詞+ "过"**「…したことがない」

Wǒ chī guo dōng pō ròu
我 吃 过 东坡肉。　私はトンポーローを食べたことがあります。

Wǒ méi chī guo dōng pō ròu
我 没 吃 过 东坡肉。　私はトンポーローを食べたことがありません。

Wǒ qù guo Zhōngguó
我 去 过 中国。　私は中国に行ったことがあります。

Wǒ méi qù guo Zhōngguó
我 没 去 过 中国。　私は中国に行ったことがありません。

3　前置詞の "用"

手段・方法を表します。「…で（…する）」

Yòng chūnbǐng juǎn shang dōng pō rò
用 春饼 卷 上 东坡肉。　「春餅」でトンポーローを巻きます。

Qǐng yòng Hàn yǔ shuō
请 用 汉语 说。　中国語で話してください。（汉语：中国語）

Tā yòng máo bǐ huà
他 用 毛笔 画。　彼は筆で描きます。（毛笔：筆、毛筆）

4　"就" + "可以"

文型：……**"就可以"**（……）+ **"了"**。「（…すれば）良い」「（…して）良い」

Yòng chūnbǐng juǎn shang dōng pō rò　jiù kě yǐ chī le
用 春饼 卷 上 东坡肉，就 可以 吃 了。　「春餅」でトンポーローを巻いて食べると良いですよ。

Zài jiā diǎnr jiàng jiù gèng hǎochī le
再 加 点儿 酱，就 更 好吃 了。　お味噌も少し加えれば、もっとおいしくなります。

Duō chī diǎnr qīngcài jiù kě yǐ le
多 吃 点儿 青菜 就 可以 了。　野菜を多めに食べれば良いですよ。

5　注文時の"来"と"要"の違い

　本文の"我要春饼和蛋花汤"の"要"は、自分のことに使うのは問題ありませんが、他人にはタブーの語句の一つです。"要"には、"要饭 yàofàn"という言葉があり、「乞食をする」という意味で、特に食事に関して他人に使うと大変失礼なことになります。それで、本文では妍妍さんが美雪さんに"美雪姐来点儿什么？"のように"来"を使ったわけです。

　　　　　Nín lái diǎnr　shén me
店員：您 来 点 儿 什么？　何に致しましょうか？

　　　　Lái píng Hā pí ba
客：　来 瓶 哈 啤 吧。　ハルビンビールを一本ください。

补充内容 Bǔchōng nèiróng

什么 shénme　なに、どんなもの　　中文课本 Zhōngwén kèběn　中国語の教科書
星期一 xīngqīyī　月曜日　　　　　　星期二 xīngqī'èr　火曜日
星期三 xīngqīsān　水曜日　　　　　　星期四 xīngqīsì　木曜日
星期五 xīngqī wǔ　金曜日　　　　　　星期六 xīngqīliù　土曜日
星期天 xīngqītiān　日曜日　　　　　　星期几 xīngqī jǐ　何曜日

＜ミニ会話＞

　　Zhè shì shén me
A：这 是 什么？　これは何ですか？

　　Nà shì Zhōngwén kè běn
B：那 是 中 文 课本。　それは中国語の教科書です。

　　Jīntiān xīng qī jǐ
A：今天 星期几？　今日は何曜日ですか？

　　Xīng qī'èr
B：星期二。　火曜日です。

　　Jīntiān jǐ hào
A：今天 几号？　今日は何日ですか？

　　Jiǔ hào
B：九号。　九日です。

練 習 問 題

一、次の漢字をピンインに、ピンインを漢字に書き直し、日本語に訳してください。

別客气 _____　　訳：_____
春饼　 _____　　訳：_____
手艺真棒_____　　訳：_____
wǒ māma _____　　訳：_____
ā yí _____　　訳：_____
dōngpōròu_____　　訳：_____

二、下の括弧の中から適切な語句を選んで文を完成してください。

1　（　　）客气。
2　用春饼卷上东坡肉和青菜，就（　　）吃了。
3　（　　）是独特的风味儿啊！
4　（　　）加点儿酱，（　　）更好吃了！

（就、别、可以、真、再）

三、漢字とピンインと意味の同じものを線で結んでください。

1　来点儿什么？　・Wǒ méi chī guo　・本当においしいですわ。

2　真好吃啊！　・Lái diǎnr shénme　・春餅にします。

3　我没吃过。　・Wǒ yào chūnbǐng　・何になさいますか？

4　我要春饼。　・Zhēn hǎochī a　・私は食べたことがありません。

四、語句を並べ替えて正しい文にしてください。

1　什么　点　儿　来？　_____

2　没　我　吃　过　。　_____

3　手艺　阿姨　的　棒　真　！_____

五、次の日本語を中国語に訳してください。

1　これは「春餅」です。美雪姉さん、何にしますか？

2　私は「春餅(チュンピン)」ととじ卵のスープにします。

3　「春餅」でトンポーローと野菜を巻いて食べると良いですよ。

4　私は食べたことがありません…あ、すごくおいしいですね。

5　さらに母の作った味噌を少し加えれば、もっとおいしくなります。

6　本当に独特な風味ですね。叔母さんの腕前は素晴らしいですわ。

dōng pō ròu
东坡肉（トンポーロー、豚角煮）

dàn huā tāng
蛋花汤（とじ卵のスープ）

第九課　ブティックにて

ブティック

新出語句（词语 Cíyǔ）

服装店 fúzhuāngdiàn	名 ブティック	位 wèi	量 (尊敬語)…名、…方
买 mǎi	動 買う	随便 suíbiàn	副 自由に（だ）、勝手に
看 kàn	動 見る、読む	当然 dāngrán	副 勿論、当然
需要 xūyào	名 必要（とする）	时候 shíhou	名 時
叫 jiào	動 声をかける、呼ぶ	先 xiān	副 まず、先に
忙 máng	動 （仕事を）急いでやる	快 kuài	副 はやく
这件 zhèi jiàn	代 この（一着の）	嗯 ǹg	嘆 うん、はい、ええ
这种 zhèi zhǒng	代 このような、この種の	款式 kuǎnshì	名 デザイン、様式

小视窗 (Xiǎo shìchuāng)

　チャイナドレスは世界に知られていますが、実は騎馬民族である満族の民族衣装で、乗馬に適したスキットの入ったゆったりしたデザインでした。清朝では満族を中心とした八旗制が実施され、そこでは八つの旗色で人々を管理したため、何色の"**旗人** qírén"と呼ばれ、これらの人が着る長い服も"**旗袍** Qípáo"と呼ばれたのです。

　1930年代になって、上海で"**旗袍**"を体にフィットした曲線美のある服装に改良すると、大ブームになったのです。今でも広く女性たちに好かれていて、普段着として着る人もいれば、正装として着る人もいます。

第九课　在服装店
dì jiǔ kè　Zài fú zhuāngdiàn

（妍妍さんが美雪さんをブティックへ案内しました）

店员：二位要买什么？
　　　Èr wèi yào mǎi shén me

妍妍：可以随便看看吗？
　　　Kě yǐ suíbiàn kànkan ma

店员：当然可以，请吧！需要的时候，请叫我。
　　　Dāngrán kě yǐ　qǐng ba　Xūyào de shíhou　qǐng jiào wǒ

美雪：谢谢！你先忙吧。
　　　Xièxie　Nǐ xiān máng ba

妍妍：快看这件，你穿一定很漂亮。
　　　Kuài kàn zhèi jiàn　nǐ chuān yídìng hěn piàoliang

美雪：真的？……嗯，我也喜欢这种款式。
　　　Zhēn de　　ng　wǒ yě xǐhuan zhèi zhǒng kuǎnshì

文　法

1　助動詞 "要"

中国語では「能願動詞」として単独で使われるほか、助動詞として他の動詞の前に置き、その動作をしたいという意味を表すこともできます。

文型："要"＋動詞（＋目的語）　「…したい」

二位要买什么？　お二人は何をお求め（買いたい）でしょうか？
Èr wèi yào mǎi shén me

我要吃春饼。　私は「春餅」が食べたいです。
Wǒ yào chī chūnbǐng

我要喝黑加仑。　私はカシスジュースが飲みたいです。
Wǒ yào hē hēijiālún

2　助動詞 "可以"

主に可能を表しますが、許可を表すこともできます。

文型："可以"＋動詞（＋目的語）＋"吗"？「…しても良いか」

Kě yǐ suíbiàn kànkan ma
可以 随便 看看 吗？　自由に見ても良いですか？

Wǒ kě yǐ hē jiǔ ma
我 可以 喝酒 吗？　私はお酒を飲んでも良いですか？

Wǒ kě yǐ shìshi ma
我 可以 试试 吗？　私は試着（試）しても良いですか？　（试：試着する、試す）

3　副詞 "先"

「先に」「初めに」「事前に」「まず」「とりあえず」

Nǐ xiān máng ba
你 先 忙 吧。　（お構いなく）他の仕事を先にやってください。

Wǒ hěn máng　nǐ xiān chī ba
我 很 忙，你 先 吃 吧。　私は大変忙しいから、先に食べなさい。

Wǒ men xiān chī qīngcài
我们 先 吃 青菜。　私たちはまず野菜を食べます。

4　"真的"

イントネーションにより質問を表したり、肯定の答えを表したりすることができます。「本当ですか」「本当です」

Zhēn de
真 的?　（質問：語尾のイントネーションが上がる）本当ですか？

Zhēn de
真 的。　（答え：語尾のイントネーションが下がる）本当です。

Nǐ xǐ huan wǒ　shì zhēn de
你 喜欢 我，是 真 的?　あなたが私を好きだということは本当ですか？

5　"看" ＋ "看"（動詞の重ね型）

同じ動詞を重ねて使った場合、後の方は軽声になります。「…てみる」「ちょっと…」

Kě yǐ suíbiàn kànkan ma
可以 随便 看看 吗？　ちょっと自由に見ても良いですか？

Nà wǒ shìshi ba
那 我 试试 吧。　それなら、私は試着し（試し）てみましょう。

Wǒ men chángchang ba
我们 尝尝 吧。　私たちは食べて（飲んで）みましょう。

61

* 漢詩を楽しむ

CD27

Mǐn nóng
悯 农　（Tángdài Lǐ Shēn / 唐代　李绅）

Chú hé rì dāng wǔ
锄 禾 日 当 午，

hàn dī hé xià tǔ
汗 滴 禾 下 土。

Shuí zhī pán zhōng cān
谁 知 盘 中 餐，

lì lì jiē xīn kǔ
粒 粒 皆 辛 苦。

訳：

農を憫（あは）れむ　　（唐代　李紳）

禾（か）を鋤（す）きて　日　午に当たり、
汗は禾（か）の下の土に滴（したた）る。
誰（だれ）か 知らん　盤中の餐、
粒粒（りうりう）皆な 辛苦なるを。

补充内容 Bǔchōng nèiróng
（相手の年齢についての聞き方）

你几岁？ Nǐ jǐ suì?　十歳以下のこどもに聞く場合
你多大了？ Nǐ duōdà le?　自分より年下の人に聞く場合
今年十几了？ Jīn nián shí jǐ le?　十代の人に聞く場合
您多大岁数？ Nín duōdà suìshu?　年上の方に聞く場合
您老高寿多少？ Nín lǎo gāoshòu duōshao?　八十歳以上の方に聞く場合

練 習 問 題

一、次の漢字をピンインに、ピンインを漢字に書き直してください。

　　1　要买什么?　　_____
　　2　随便看看。　　_____
　　3　当然可以。　　_____
　　4　你先忙吧。　　_____
　　5　Hěn piàoliang。　_____
　　6　Wǒ yě xǐhuan。　_____

二、下の括弧の中から適切な語句を選んで文を完成してください。

　　1　(　　　) 看这件，你穿 (　　　　) 很漂亮。
　　2　我 (　　　) 喜欢这种款式。
　　3　二位 (　　　) 买什么?

　　　（一定、要、很、也、快）

三、漢字とピンインと意味の同じものを線で結んでください。

　　1　我要吃春饼。　　• Kěyǐ kànkan ma　　• ほら、この服を見て!

　　2　我要喝黑加仑。　• Nǐ xiān máng ba　　• 私は春餅を食べたいです。

　　3　可以看看吗?　　• Kuài kàn zhèi jiàn　• ちょっと見てもいいですか?

　　4　你先忙吧。　　　• Wǒ yào chī chūnbǐng　• カシスジュースを飲みたいです。

　　5　快看这件!　　　• Wǒ yào hē hēijiālún　• 他の仕事を先にやりなさい。

63

四、語句を並べ替えて正しい文にしてください。

1　漂亮　你　穿　很　一定　。＿＿＿＿＿＿＿＿＿＿
2　要　二位　什么　买　？＿＿＿＿＿＿＿＿＿＿
3　看看　可以　随便　吗　？＿＿＿＿＿＿＿＿＿＿

五、次の日本語を中国語に訳してください。

1　お二人は何をお求めでしょうか？

2　ちょっと自由に見ても良いですか？

3　もちろん良いですよ。どうぞ。必要な時に声をおかけくださいませ。

4　ありがとうございます。他の仕事を先にやってください。

5　ほら、この服を見て！美雪さんが着ると、きっと奇麗ですよ。

6　本当？…うん、私もこのようなデザインが好きです。

極楽寺

第十課　試着

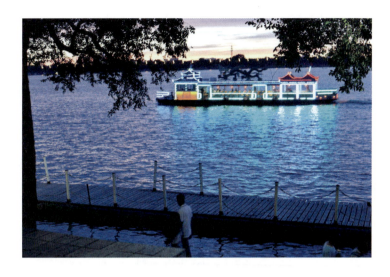

松花江とスターリン公園

新出語句（词语 Cíyǔ）

试衣服 shìyīfu	動 試着、試着する	请问 qǐngwèn	敬 お尋ねします
别的 biéde	代 別の・他の（もの、こと）	颜色 yánsè	名 色
蓝色 lánsè	名 青色、ブルー	枣红色 zǎohóngsè	名 えんじ色、なつめ色
您 nín	代 あなた様、お客さま	女孩子 nǚháizi	名 女の子、少女
给 gěi	介 …(に)…させる	吉祥 jíxiáng	形 縁起が良い
有点儿 yǒudiǎnr	副 少し	肥 féi	形 だぶだぶ、緩い
瘦 shòu	形 きつい、細い		

小视窗 (Xiǎo shìchuāng)

中国最北の省都であるハルビンには独特な食文化があります。全国的には、"哈尔滨三大怪，面包像个大锅盖，男人喝酒似灌溉，冬天都吃大冰块。Hā'ěrbīn sān dà guài, miànbāo xiàng ge dà guōgài, nánrén hējiǔ sì guàngài, dōng tiān dōu chī dà bīng kuài."と言われて有名です。意味は、「ハルビンには風変わりなことが三つあり、パンが鍋の蓋のように大きく、男性が酒をぐい飲みにし（灌漑のように飲み）、冬には全員が氷塊を食べる。」（氷塊とは、アイスキャンデー）ということです。

第十课 试衣服
Dì shí kè　Shì yī fu

(美雪さんが気に入った服について聞いています)

美雪：请问，这种款式有没有别的颜色的？
　　　Qǐng wèn, zhèi zhǒng kuǎnshì yǒu mei yǒu bié de yán sè de

店员：还有蓝色和枣红色的，您要什么颜色的？
　　　Hái yǒu lán sè hé zǎohóng sè de, nín yào shén me yán sè de

美雪：女孩子都喜欢枣红色的吧。给我们看看好吗？
　　　Nǚ hái zi dōu xǐ huan zǎohóng sè de ba. Gěi wǒmen kànkan hǎo ma

店员：好的。这是很吉祥的颜色，您试试这件吧。
　　　hǎo de. Zhè shi hěn jí xiáng de yá sè, nín shìshi zhèi jiàn ba

美雪：有点儿肥，有没有瘦一点儿的？
　　　Yǒudiǎnr féi, yǒu meiyǒu shòu yì diǎnr de

店员：有。再试试这件吧。
　　　Yǒu. Zài shì shi zhèi jiàn ba

文　法

1　反復疑問文の"有没有"

文型：<u>同じ動詞（形容詞）の肯定形＋同じ動詞（形容詞）の否定形</u>「…あるか」「…いるか」「…かないか」「…かどうか」

<u>有 没有</u> 别的 颜色 的？　他の色がありますか？
Yǒu meiyǒu bié de yán sè de

<u>有 没有</u> 瘦 一点儿 的？　少し幅の細いのがありますか？
Yǒu meiyǒu shòu yì diǎnr de

你 <u>喜(欢) 不喜欢</u> 我？　私が好きか好きでないか（のどちらですか）？
Nǐ xǐ huan bu xǐ huan wǒ

2　"好吗？"

婉曲な聞き方で依頼文の後につき、語気を優しくする役割があります。「…してもらえないか」「…して良いか」

Gěi wǒ kànkan hǎo ma
给 我 看看 好 吗?　ちょっと見せてもらえませんか?

Wǒ men yì qǐ qù hǎo ma
我们 一起 去 好 吗?　私たちは一緒に行きませんか?（**一起**：一緒に）

Wǒ men yì qǐ chī wǎnfàn hǎo ma
我们 一起 吃 晚饭 好 吗?　晩ご飯を一緒に食べませんか?

3　準体助詞 "的"

"的" は主に連体修飾語として使われますが、名詞の代わりをする役割もあります。「…もの」「…の」

Yǒu meiyǒu bié de yán sè de
有 没有 别的 颜色 的?　他の色の（もの）がありませんか?

Nín yào shén me yán sè de
您 要 什么 颜色 的?　何色（の）になさいますか?

Hái yǒu lán sè hé zǎohóng sè de
还 有 蓝色 和 枣红色 的。　他に青とえんじ色の（もの）もあります。

4　"给……看看"

"给" は使役の意味を表します。「…にちょっと見せなさい」

Gěi wǒ men kànkan
给 我们 看看。　ちょっと私たちに見せなさい。

Qǐng gěi wǒ kànkan
请 给 我 看看。　ちょっと見せてください。

Qǐng gěi wǒ kànkan hǎo ma
请 给 我 看看 好 吗?　ちょっと見せていただけませんか?

5　副詞 "有点儿" と数量詞 "一点儿" の比較

＊意味の違い

両方とも日本語の「少し」「ちょっと」という意味ですが、"**有点儿**" は、不本意なことを述べる時に使われ、後に消極的・否定的な意味の形容詞や動

詞を伴うことが多いです。それに対して、"一点儿"は、動詞や形容詞の後に使われますが、不満など話し手の感情は含まれず、また問いかけの返答に"有点儿"のように単独では使えません。

問い：饿了吗？　　お腹が空きましたか？（饿：お腹が空く）

答え：有点儿。　少し。（×一点儿）

*働きの違い
　"有点儿"の文型：**"有点儿"（連用修飾語の役割）＋形容詞・動詞**
　"一点儿"の文型：**形容詞・動詞＋"一点儿"（補語の役割）**
　ここの"有点儿"は、副詞で連用修飾語として形容詞か動詞の前に置きますが、"一点儿"は、数量詞で補語として形容詞か動詞の後に置き、補足説明の働きをします。話し言葉では"一"をよく省略します。

有点儿饿了，多吃点儿。　お腹が少し空いたので少し多めに食べよう。

补充内容 Bǔchōng nèiróng

zǐ sè	hēi sè	lǜ sè	huáng sè
紫色	黑色	绿色	黄色
chéng sè	lán sè	bái sè	fěn sè
橙色	蓝色	白色	粉色

A：你喜欢什么颜色？　何色が好きですか？
　　Nǐ xǐhuan shénme yánsè

B：我喜欢粉色。你呢？　私はピンク色が好きですが、あなたは？
　　Wǒ xǐhuan fěnsè. Nǐ ne

A：我也喜欢粉色。　私もピンク色が好きです。
　　Wǒ yě xǐhuan fěnsè

練 習 問 題

一、次の漢字をピンインに、ピンインを漢字に書き直し、日本語に訳してください。

吉祥 ＿＿＿＿＿＿＿＿＿＿　　　訳：＿＿＿＿＿＿＿＿＿＿

颜色 ＿＿＿＿＿＿＿＿＿＿　　　訳：＿＿＿＿＿＿＿＿＿＿

给我看看＿＿＿＿＿＿＿＿＿　　　訳：＿＿＿＿＿＿＿＿＿＿

zhèi zhǒng ＿＿＿＿＿＿＿＿　　　訳：＿＿＿＿＿＿＿＿＿＿

méiyǒu ＿＿＿＿＿＿＿＿＿　　　訳：＿＿＿＿＿＿＿＿＿＿

shìyīfu ＿＿＿＿＿＿＿＿＿　　　訳：＿＿＿＿＿＿＿＿＿＿

二、下の括弧の中から適切な語句を選んで文を完成してください。

1 这种款式有没有（　　　）的颜色的?
2 （　　　）我们看看好吗?
3 （　　　）有蓝色和枣红色的。
4 女孩子（　　）喜欢枣红色（　　　）吧。

（给、都、别、的、还）

三、漢字とピンインと意味の同じものを線で結んでください。

1　您试试吧。　　　・Yǒudiǎnr féi　　　・私はえんじ色が好きです。

2　还有蓝色的。　　・Nín shì shi ba　　　・少しだぶだぶです。

3　您要什么?　　　・Háiyǒu lánsè de　　　・試着なさったら?

4　我喜欢枣红色。　・Nín yào shénme　　　・また青色のがあります。

5　有点儿肥。　　　・Wǒ xǐhuan zǎo hóngsè　・何になさいますか?

四、次の語句を並べ替えて正しい文にしてください。

1　别的　有　没有　的　颜色　？　_____
2　这件　您　吧　试试　。　_____
3　看看　给　好吗　我　？　_____
4　什么　颜色　要　的　您　？　_____
5　蓝色　还有　枣红色的　和　。　_____

五、次の日本語を中国語に訳してください。

1　すみません、このデザインは違う色のもありますか？

2　他に青とえんじ色（の）もありますが、何色（の）になさいますか？

3　女の子は皆えんじ色（の）が好きでしょう。見せてもらえませんか？

4　かしこまりました。これはとても縁起の良い色なので、試着してみてください。

5　ちょっと緩いのですが、少し細いのがありますか？

6　あります。こちらも試着してください。

Yà bù lì huáxuěchǎng
亚布力滑雪场　（「ヤブリー」スキー場）

rè yǐn wū
热饮屋　(雪小屋のホットドリンク店)

第十一課　値段交渉

秋林デパート

新出語句（词语 Cíyǔ）

CD30

讲价 jiǎngjià	動 値段の交渉をする	好像 hǎoxiàng	副 まるで…のようだ
仙女 xiānnǚ	名 天女、女の仙人	下凡 xiàfán	動 天女が下界に下りる
那么 nàme	代 そんなに、…ほど	多少 duōshao	代 いくら、どれほど
钱 qián	名 銭、貨幣	块 kuài	助数 （紙幣の単位）元
贵 guì	形 （値段が）高い	能 néng	助動 （することが）できる
便宜 piányi	形 （値段が）安い	怎么样 zěnmeyàng	代 どうだい
学生 xuésheng	名 学生	卖(+给) mài	動 （…に）売る

小视窗 (Xiǎo shìchuāng)

　中国のデパートは定価があり、値段の交渉は出来ませんが、個人経営あるいは小さなお店なら大体値引きができるため、ぜひ "**讲价 jiǎngjià**" を楽しみにして、値引きをしてみてください。
　「もう少し安くしてください。また買いに来るから」という意味で "**再便宜一点儿吧，我还来买。Zài piányi yìdiǎnr ba, wǒ hái lái mǎi.**" と言えば、ほとんど安くしてくれると思います。

71

第十一课　讲价 (Dì shí yī kè　Jiǎngjià)

（妍妍さんと美雪さんがお店で値段交渉をしています）

妍妍：你穿这件衣服真漂亮，好像仙女下凡！
　　　(Nǐ chuān zhèi jiàn yī fu zhēn piàoliang, hǎoxiàng xiān nǚ xiàfán)

美雪：谢谢！有那么漂亮吗？多少钱？
　　　(Xièxie! Yǒu nà me piàoliang ma? Duōshao qián?)

妍妍：当然有了。四百八十块，太贵了！能不能便宜一点儿？
　　　(Dāngrán yǒu le. Sì bǎi bā shí kuài, tài guì le! Néng bu néng piányi yìdiǎnr?)

店员：四百块怎么样？
　　　(Sì bǎi kuài zěn me yàng?)

美雪：三百块吧。我们是学生。
　　　(Sān bǎi kuài ba. Wǒmen shì xuésheng.)

店员：那么，三百五十块卖给你。
　　　(Nà me, sān bǎi wǔ shí kuài mài gěi nǐ.)

文法

1　指示代名詞 "那么"

文型："有"（……）＋"那么"＋形容詞

"有"の後に比較される事物を置き、程度を表します。「…のように」「…ほど（に）」「そんなに」「あんなに」

有仙女那么漂亮吗？　　天女のように奇麗ですか？
(Yǒu xiān nǚ nà me piàoliang ma?)

有那么好吃吗？　　そんなにおいしいですか？
(Yǒu nà me hǎochī ma?)

有那么贵吗？　　（値段が）そんなに高いですか？
(Yǒu nà me guì ma?)

2 副詞 "好像"

例えに用いられます。「まるで…のようだ」「…のような気がする」「どうも…みたいだ」

Zhèi ge hǎoxiàng hěn guì
这个 好像 很 贵。　これは（値段が）とても高いようです。

Tā hǎoxiàng shì Zhōngguórén
她 好像 是 中国人。　彼女は中国人のようです。

Nǐ zhēn piàoliang　hǎoxiàng xiān nǚ xià fán
你 真 漂亮，好像 仙女 下凡！　あなたは本当に奇麗で、まるで天女が下界に下りてきたようです。

3 疑問代名詞 "怎么样"

前文に置いたり、文末に置いたりして相談口調を表します。「…どう」「…してみないか」「…しないのか」

Sì bǎi kuài zěn me yàng
四百 块 怎么样？　四百元でどうですか？

Zěn me yàng　nǐ shì shi
怎么样，你 试试？　どうですか？試着して（試して）みたら？

Wǒ men qù Zhōngguó　zěn me yàng
我们 去 中国，怎么样？　私たちは中国に行ったらどうでしょうか？

4 助動詞 "能"

"能" は中国語では「能願動詞」と呼ばれています（他に、"可以"、"会"、"要"、"想" などもあります）。動詞の前に置かれる助動詞 **能** は可能を表します。「(…することが) できる」

文型：**"能不能"** ……？　「(…することが) できるか」（反復疑問文）

Nǐ jīnwǎn néng bu néng lái
你 今晚 能 不能 来？　あなたは今晩来られますか？（**今晚**:今晩）

Néng bu néng pián yi　yì diǎnr
能 不能 便宜 一点儿？　少し安くしてもらえませんか？

Nǐ néng bu néng chī là de
你能不能吃辣的? 辛い物を食べられますか?

补充内容 Bǔchōng nèiróng

　　中国語の中には、"**拼音 pīnyīn**"が同じでも、声調が変わると、意味が変わってしまう言葉が少しあります。

　　例えば、"**买 mǎi**"（買う）と"**卖 mài**"（売る）は"**拼音 pīnyīn**"が同じですが、意味が正反対です。更に"**买卖 mǎimai**"という二字熟語もあり、「商売」「商店」という意味です。

　　"**那儿 nàr**"は「そこ」「あそこ」という意味ですが、"**哪儿 nǎr**"は「どこ」という疑問を表わします。

　　"**请问 qǐngwèn**"は「お伺いしますが」という意味ですが、"**请吻 qǐng wěn**"なら、「キスしてください」という意味です。さらに"**轻吻 qīng wěn**"なら、「軽くキスする」という意味になってしまうから、うっかりして間違えると大変です。とにかくまず"**请问 qǐngwèn**"の声調をしっかり発音しましょう。

　　"**小姐 xiǎojiě**"は一番下の姉（お姉さん）のことですが、"**小姐 xiǎojie**"は「お嬢さん」「お嬢様」という呼び名で、昔は上品な呼び名でしたが、1990年代ごろよりホステスの"**三陪小姐 sān péi xiǎojie**"を略し、"**小姐 xiǎojie**"と呼ぶようになってから、この呼称で自分を呼ばれるのを嫌う女性が増えてきました。

　　それでは、女性をどのように呼んだら良いでしょうか？

　　相手が自分より年上なら、苗字か名前をつけて"**～姐 jiě**"、自分より年下なら苗字か名前をつけて"**～妹 mèi**"と呼んでもいいですが、男性は上の二つの呼称をそれほど親しくない女性には使わない方がいいです。自分の母と同じくらいの年齢の女性を"**～姨 yí**"と呼ぶのは構いません。また、相手の身分や職業が分かれば、苗字をつけて"**～老师 lǎoshī**(先生)"、"**～师傅 shīfu**(師匠)"と呼んだ方が無難です。どうしても分からない時は"**怎么称呼您? Zěnme chēnghu nín?**（どのようにお呼びしたらよろしいでしょうか？）"と相手に教えてもらった方が賢明だと思われます。

練 習 問 題

一、次の漢字をピンインに、ピンインを漢字に書き直し、日本語に訳してください。

多少钱＿＿＿＿＿＿＿＿＿＿　　　訳：＿＿＿＿＿＿＿＿＿＿
太贵了＿＿＿＿＿＿＿＿＿＿　　　訳：＿＿＿＿＿＿＿＿＿＿
当然有了＿＿＿＿＿＿＿＿＿　　　訳：＿＿＿＿＿＿＿＿＿＿
xiānnǚ xiàfán＿＿＿＿＿＿＿　　　訳：＿＿＿＿＿＿＿＿＿＿
piányi yìdiǎnr ba＿＿＿＿＿　　　訳：＿＿＿＿＿＿＿＿＿＿

二、下の括弧の中から語句を選んで文を完成してください。

1　你穿这件衣服（　　　）漂亮，（　　　）仙女下凡！
2　有（　　　）漂亮吗？
3　能不能便宜（　　　）？
4　三百五十块卖（　　　）你。

（那么、真、一点儿、给、好像）

三、漢字とピンインと意味の同じものを線で結んでください。

1　三百块吧。　・Wǒmen shì xuésheng　・本当に奇麗ですね。

2　真漂亮！　　・Sān bǎi kuài ba　　　・私たちは学生なのです。

3　我们是学生。・Zhēn piàoliang　　　・四百元です。

4　四百块。　　・Sì bǎi kuài　　　　　・三百元にしましょうよ。

四、次の語句を並べ替えて正しい文にしてください。

1　学生　我们　是　。　＿＿＿＿＿＿＿＿＿＿

75

2　有　漂亮　吗　那么　？　_____
3　不能　能　一点儿　便宜　？　_____
4　四百　怎么　样　块　？　_____

五、次の日本語を中国語に訳してください。

1　あなたはこの服を着ると、本当に奇麗です。まるで天女が下界に下りて来たようです。

2　ありがとう！そんなに奇麗ですか？いくらですか？

3　もちろんですとも。四百八十元、高過ぎるわ。安くしてもらえませんか？

4　四百元ではどうですか？

5　三百元にしましょうよ。私たちは学生ですから。

6　それなら、三百五十元で良いですよ（売ってあげます）。

Dōngběi hǔ línyuán
东北虎林园（東北トラ林園にて）

第十二課　お支払い

東北トラ林園（世界最大の東北虎の繁殖生育基地）

新出語句（词语 Cíyǔ）

付款 fùkuǎn	動払う、金を支払う	收款员 shōukuǎn yuán	名レジ係
零钱 língqián	名小銭、おつり	四百 sì bǎi	数四百
找 zhǎo	動つり銭を出す	数 shǔ	動数える
没错儿 méi cuòr	間違いない	拿 ná	動持つ、運ぶ
弄丢 nòngdiū	動なくす	欢迎 huānyíng	動歓迎する

小视窗 (Xiǎo shìchuāng)

中国の貨幣は"**人民币** Rénmínbì"と呼ばれています。単位が"**元** yuán"・"**角** jiǎo"・"**分** fēn"で、話し言葉では"**块** kuài"・"**毛** máo"・"**分** fēn"と言います。"元"と"角"は書き言葉専用で使い分けられていますので、それぞれ覚える必要があります。

"**人民币** Rénmínbì"紙幣の一番大きい額面は百元で、一番小さいのは一元です。さらに、補助通貨の単位として、コインの"**一块** yíkuài（一元）"、"**毛** máo"と"**分** fēn"もあります。"**一毛** yì máo"は"**一块** yíkuài"の10分の1で、"**一分** yì fēn"の10倍です。

77

第十二课　付款
Dì shí èr kè　Fù kuǎn

（美雪さんが気に入った服を買うつもりです）

収款员：你好！一共三百五十块。
Nǐ hǎo　Yí gòng sān bǎi wǔ shí kuài

美雪：我没有零钱，这是四百块。
Wǒ méiyǒu língqián　zhè shì sì bǎi kuài

収款员：找您五十块，请数一下儿。
Zhǎo nín wǔ shí kuài　qǐng shǔ yí xiàr

美雪：没错儿，是五十块。
Méi cuòr　shì wǔ shí kuài

収款员：请拿好，别弄丢了。欢迎再来！
Qǐng ná hǎo　bié nòngdiū le　Huānyíng zài lái

美雪：谢谢！再见！
Xièxie　Zàijiàn

文　法

1　動詞の"数"と名詞の"数"

"数 shǔ"は動詞で「数える」という意味ですが、"数 shù"は名詞で「数」という意味です。口語では"数儿 shùr"を使い名詞をはっきりさせます。

数　数儿。　数を数えます。
Shǔ　shùr

请　数　一下儿。　ちょっと数え（確認し）てください。
Qǐng shǔ yí xiàr

数　一　数。　数えてみなさい。数えてみます。
Shǔ yi shǔ

2　動詞"找"

「（つり銭を）出す」

找　您　五十　块。　五十元のおつりでございます。
Zhǎo nín wǔ shí kuài

Nín hái méi zhǎoqián
您 还 没 找 钱。　まだおつりをいただいていませんが…。

Qǐng zhǎo gěi wǒ língqián
请 找 给 我 零钱。　小銭のおつりをください。

3　語気助詞 "了"

動作の実現や完了を表す動態助詞の "了" と違い、語気を表します。

Bié nòngdiū le
别 弄丢 了。　無くさないように。（"别" と呼応して制止、禁止を表す）

Chī fàn le
吃饭 了！　ご飯ですよ。（事態に変化が起ころうとすることを表す）

Tài guì le
太 贵 了！　（値段が）高すぎます。（"太" と呼応して性質や状態の程度を強調する）

4　"没错儿" と "不错"

"错" は、「間違っている」「正しくない」「よくない」「劣っている」という意味ですが、話し言葉ではよく "没错儿" と使われ、「間違いない」「(相槌を打つ) その通りです」という意味を表します。"不错 búcuò" という表現は「よい」「上手だ」「かなり良い」という意味を表すときに使われます。

Nǐ Hànyǔ shuō de bú cuò
你 汉语 说 得 不错。　あなたの中国語はかなり上手です。

Méicuòr　shì wǔshí kuài
没错儿，是 50 块。　確かに 50 元です。

Méicuò　zhè shì wǒ de
没错，这是我的。　これは間違いなく私のです。

5　形容詞述語文

中国語の形容詞は述語となるとき、"是" は要りません。

Zhèi ge hěn guì
这个 很 贵。　これは高いです。

Ā yí tài bàng le
阿姨 太 棒 了！　叔母さんは素晴らしいですわ。

Zhè me fēngshèng a
这么 丰盛 啊！ こんなにも盛りだくさんですね。

补充内容 Bǔchōng nèiróng

tīngyīnyuè
听音乐 (音楽を聴く、音楽鑑賞)

kàndiànyǐng
看电影 (映画を見る、映画鑑賞)

wánr diàn zǐ yóu xì
玩儿电子游戏 (電子ゲームを楽しむ)

dǎ wǎngqiú
打网球 (テニスをする)

dǎ pīngpāngqiú
打乒乓球 (卓球をする)

yóuyǒng
游泳 (泳ぐ、水泳)

kàndiànshì
看电视 (テレビを見る)

chàng kǎ lā
唱卡拉ＯＫ (カラオケをする)

tiào wǔ
跳舞 (ダンスをする)

lǚ yóu
旅游 (旅行をする、観光)

kànshū
看书 (本を読む、読書)

yùndòng
运动 (運動する、運動)

kànmànhuà
看漫画 (マンガを見る)

kàndònghuàpiānr
看动画片儿 (アニメを見る)

kànhuànxiǎngpiānr
看幻想片儿 (SF映画を見る)

huàhuàr
画画儿 (絵を描く)

wǎngshàngchōnglàng
网上冲浪 (ネットサーフィンをする)

kànbàngqiú bǐ sài
看棒球比赛 (野球の試合を見る)

yǔ máoqiú
羽毛球 (バドミントン)

mǎ lā sōng
马拉松 (マラソン)

Wǒ xǐ huan
我喜欢（　　　　　）。　私は（　　　　　）が好きです。

練 習 問 題

一、次の漢字をピンインに、ピンインを漢字に書き直してください。

一共 _____　　零钱 _____

没错儿 _____　　便宜 _____

Qǐng shǔ yíxiàr _____　　Huānyíng zài lái _____

Xièxie _____　　Zàijiàn _____

二、下の括弧の中から語句を選んで文を完成してください。

1　请拿（　　　　）。
2　（　　　　）弄丢（　　　　）。
3　（　　　　）三百五十块。
4　我（　　　　）有零钱。

（别、一共、了、好、没）

三、漢字とピンインと意味の同じものを線で結んでください。

1　没有零钱。　　· Qǐng ná hǎo　　· 間違いないです。

2　没错儿。　　· Méiyǒu língqián　　· 数えてみなさい。

3　数一下儿。　　· Huānyíng zài lái　　· しっかりお持ちください。

4　欢迎再来！　　· Shǔ yíxiàr　　· 小銭がありません。

5　请拿好。　　· Méi cuòr　　· またいらっしゃい。

四、次の日本語を中国語に訳してください。

1　こんにちは。合計三百五十元でございます。

81

2 私には細かいお金がないので、これは四百元です。

3 五十元のおつりでございます。どうぞお確かめください。

4 確かに五十元です。

5 無くさないようにしっかりお持ちください。またいらっしゃいませ。

6 ありがとうございます！さようなら。

中国の貨幣（紙幣とコイン）

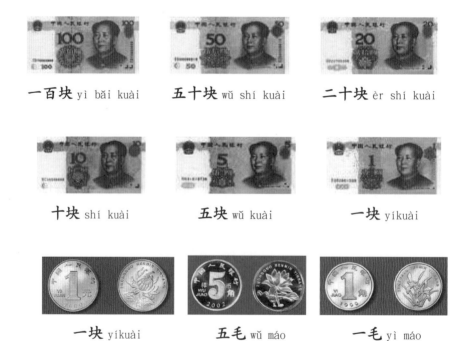

第十三課　本屋にて

中央書店と中央大通り
（中央大通りは 24 時間の歩行者天国、ロシア語の名称：スタイガヤ）

新出語句（词语 Cíyǔ）

书店 shūdiàn	名 本屋		日本 Rìběn	名 日本
动漫 dòngmàn	名 アニメと漫画		中国人 Zhōngguórén	名 中国人
吉蒂猫 Jí dì māo	名 キティ（ちゃん）		机器猫 Jīqì māo	名 ドラえもん
意思 yìsi	名 意味、内容		哦 ò	嘆 ははん、ああ
原来 yuánlái	副 なんと…だったのか		哆啦 A 梦 Duōlā A mèng	名 ドラえもん

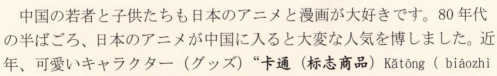

小视窗 (Xiǎo shìchuāng)

　中国の若者と子供たちも日本のアニメと漫画が大好きです。80 年代の半ばごろ、日本のアニメが中国に入ると大変な人気を博しました。近年、可愛いキャラクター（グッズ）"卡通（标志商品）Kǎtōng (biāozhì shāngpǐn)"や漫画本を求め、わざわざ日本へ買いに来る児童もいます。
　ドラえもんは中国に紹介されて"机器猫"と訳されました。近年になると、"哆啦 A 梦"と音訳されるようにもなり、今ではどちらも使われています。

第十三课　在书店 Dì shísān kè　Zàishūdiàn

（妍妍さんが美雪さんを書店へ案内しました）

妍妍：我们看看日本的动漫吧。
　　　Wǒmen kànkan Rìběn de dòngmàn ba

美雪：中国人也喜欢日本的动漫吗？
　　　Zhōngguó rén yě xǐhuan Rìběn de dòngmàn ma

妍妍：那当然。我喜欢看吉蒂猫和机器猫。
　　　Nà dāngrán　Wǒ xǐhuan kàn Jídìmāo hé Jīqìmāo

美雪："机器猫"是什么意思？
　　　Jīqìmāo shì shénme yìsi

妍妍：（ドラえもんを指しながら）就是这个。
　　　Jiùshì zhèi ge

美雪：哦！原来"机器猫"就是"哆啦A梦"啊！（哈哈哈！）
　　　Ò　Yuánlái Jīqìmāo jiùshì Duōlā mèng a　hā ha ha

文　法

1　"……是什么意思？"

質問する時によく用いられる文型です。「どういう意味か」

"机器猫"是什么意思？　　"机器猫"とはどういう意味ですか？
Jīqìmāo shì shénme yìsi

这个字是什么意思？　　この字はどういう意味ですか？
Zhèi ge zì shì shénme yìsi

你说的是什么意思？　　あなたが言ったのはどういう意味ですか？
Nǐ shuō de shì shénme yìsi

2　範囲限定の"就是"

範囲を定め、他を排除し、肯定を強めます。

文型："就是"＋名詞（動詞・形容詞・主述句・代名詞）

Jiùshì zhèi ge
就是 这个。　これがそうです。

Tā jiùshì Měixuě jiě
她 就是 美雪 姐。　彼女が美雪姉さんです。

Zhè jiùshì wǒ mā ma
这 就是 我 妈妈。　これが私の母です。

3　副詞の"原来"

何か気付いたり、分かったりした時に発する言葉です。「なんだ」「…だったのか」

Yuánlái Jī qì māo jiùshì Duō lā mèng a
原来 机器 猫 就是 "哆啦 A 梦" 啊！　なんだ、"机器猫"がドラえもん

だったのか。

Yuánlái nǐ jiùshì Yányan na
原来 你 就是 妍妍 哪！　なんだ、あなたが妍妍さんだったのか。

Yuánlái bà ba yě zài ya
原来 爸爸 也 在 呀！　なんだ、父さんもいるのか。

4　語気助詞"啊"の変化

文末に用いて、感嘆・肯定・弁解等の語気を表します。また、"a"の発音は、その直前の音に影響されて、変化が起こります。

＊　a、o、e、i、ü+a→ ya　　　　　　　（"呀"と書く）
＊　u、ao、ou+a→ wa　　　　　　　（"哇"と書く）
＊　n+a→ na　　　　　　　　　　　（"哪"と書く）
＊　ng+a→ nga　　　　　　　　　　（"啊"と書く）
＊　zhi、chi、shi、ri、zi、ci、si、er+a （"啊"と書く）

Yuánlái shì nǐ ya
原来 是 你 <u>呀</u>！　なんだ君だったのか。

Nǐ yě xǐhuan Jī qì māo wa
你 也 喜欢 机器 猫 <u>哇</u>！　あなたもドラえもんが好きだね。

Zhè jiùshì hēijiālún na
这 就是 黑加仑 <u>哪</u>。　これがカシスジュースですよ。

Yuánlái nǐ yě shì dà xuéshēng a
原来你也是大学生啊！　なるほどあなたも大学生なのね。

Zhè jiùshì Huìzǐ a
这就是惠子啊！　こちらが惠子さんですよ。

补充内容 Bǔchōng nèiróng

Běijīng	Shànghǎi	Guǎngzhōu
北京　北京	上海　上海	广州　広州
Tiānjīn	Chóngqìng	Xī'ān
天津　天津	重庆　重慶	西安　西安
Wǔhàn	Hā'ěrbīn	Shěnyáng
武汉　武漢	哈尔滨　ハルビン	沈阳　瀋陽
Qīngdǎo	Hǎinán	Dàlián
青岛　チンタオ 青島	海南　海南	大连　大連

ミニ会話

Nǐ qù guo něixiē guójiā
A：你去过哪些国家？　どの国に行ったことがありますか？

Wǒ qù guo Zhōngguó hé Hánguó
B：我去过中国和韩国。　中国と韓国に行ったことがあります。

Nǐ qù guo Zhōngguó de shénme dìfang
A：你去过中国的什么地方？　中国のどこに行ったことがありますか？

Wǒ qù guo Běijīng hé Shànghǎi Nǐ ne
B：我去过北京和上海。你呢？　私は北京と上海に行ったことがあります。あなたは？

Wǒ méi qù guo wàiguó
A：我没去过外国。　私は外国に行ったことがありません。

練 習 問 題

一、次の漢字をピンインに、ピンインを漢字に書き直してください。

日本 _____　　　动漫 _____
吉蒂猫 _____　　原来_____
shénme yìsi_____　　Jiùshì zhèige_____
Jīqì māo _____　　Nà dāngrán _____

二、下の括弧の中から語句を選んで文を完成してください。

1　我喜欢看吉蒂猫（　　）机器猫。
2　（　　）机器猫（　　）"哆啦A梦"（　　）！
3　我们看看日本的动漫（　　）。
4　妍妍（　　）日本人哪！

（吧、和、啊、就是、原来、不是）

三、漢字とピンインと意味の同じものを線で結んでください。

1　机器猫　　・Nà dāngrán　　・アニメと漫画が好きです

2　那当然　　・Xǐhuan dòngmàn　・キティ（ちゃん）

3　喜欢动漫　・Jídì māo　　　・それは勿論です

4　吉蒂猫　　・Jīqì māo　　　・ドラえもん

四、次の日本語を中国語に訳してください。

1　私たちは日本のアニメと漫画をちょっと見てみましょう。

2 中国人も日本のアニメと漫画が好きですか?

3 それは勿論。私は"吉蒂猫"と"机器猫"を見ることが好きです。

4 "机器猫"とは、どういう意味ですか?

5 (ドラえもんを指しながら)これです。

6 あら、"机器猫"とはドラえもんだったんですね。

旧新華書店(左)は観光サービスセンター(右)として開業した。

第十四課　兆麟公園の氷祭り

氷祭りの作品

新出語句（词语 Cíyǔ）

兆麟 Zhàolín	名 李兆麟将軍の名	公园 gōngyuán	名 公園
冰灯 bīngdēng	名 氷の灯ろう	游园会 yóuyuánhuì	名 公園で行われる祭り
到处 dàochù	副 到る所	水晶宫 shuǐjīnggōng	名 水晶宮殿
一样 yíyàng	…のようだ	江水 jiāng shuǐ	名 （松花江の）川の水
结冰 jiébīng	動 氷が張る	雕刻 diāokè	動 名 彫刻する、彫刻
听说 tīngshuō	動 …だそうだ	夏天 xiàtiān	名 夏、夏季
室内 shìnèi	名 室内	个 ge	助数 （一人）
中国通 zhōngguótōng	名 中国通	打 dǎ	動 遊戯やスポーツをする
冰滑梯 bīng huátī	名 氷の滑り台	去 qù	動 行く
骑 qí	動 （またいで）乗る	骆驼 luòtuo	名 駱駝

小视窗 (Xiǎo shìchuāng)

　ハルビンの氷祭りは1963年から始まり、プロレタリア文化大革命の期間中はやむなく中止になりましたが、政治運動が終わるとすぐ再開されました。毎年外国から多くの彫刻家がハルビンを訪れ、年に一度の氷祭りの彫刻コンクールに参加します。アメリカ（**美国** Měi guó）、日本（**日本** Rì běn）、ロシア（**俄罗斯** É luó sī）、カナダ（**加拿大** Jiā ná dà）、そして中国（**中国** Zhōng guó）等が参加の常連国です。

第十四课 兆麟公园的冰灯游园会
Dì shí sì kè Zhàolíngōngyuán de bīngdēngyóuyuánhuì

（二人は色彩鮮やかな水晶宮殿のような公園の中を歩いています）

妍妍：公园里到处都是冰灯，好像"水晶宫"一样。
Gōngyuán li dàochù dōu shì bīngdēng hǎoxiàng shuǐjīnggōng yí yàng

美雪：红的、绿的、黄的、蓝的……真漂亮啊！
Hóng de lǜ de huáng de lán de Zhēn piàoliang a

妍妍：都是用江水结的冰雕刻的。
Dōu shì yòng jiāng shuǐ jié de bīng diāo kè de

美雪：是吗？听说夏天也能欣赏到室内冰灯。
Shì ma Tīngshuō xiàtiān yě néng xīnshǎng dào shìnèi bīngdēng

妍妍：是的，美雪姐真是个中国通。
Shì de Měixuě jiě zhēn shì ge Zhōngguótōng

美雪：哪里哪里。我们打完冰滑梯，再去骑骆驼吧。
Nǎ li nǎ li Wǒmen dǎ wán bīng huá tī zài qù qí luòtuo ba

文法

1　"（好・就）像……一样"

「まるで…のようだ」「どうも…みたいだ」

好像"水晶宫"一样。　　まるで水晶宮殿のようです。
Hǎoxiàng shuǐjīnggōng yí yàng

她就像中国人一样。　　彼女がまるで中国人のようです。
Tā jiù xiàng Zhōngguórén yí yàng

汉语说得像中国人一样。　まるで中国人のように中国語を（上手に）話します。
Hàn yǔ shuō de xiàng Zhōngguórén yí yàng

2　"听说"

「聞くところによると…だそうだ」「…では、…そうだ」

Tīngshuō Hā'ěrbīn hěn dà
听说 哈尔滨 很 大。　ハルビンがとても広いそうです。

Tīngshuō Guǎngdōngcài hěn hǎochī
听说 广东菜 很 好吃。　広東料理がとてもおいしいそうです。

Tīngshuō tā huì shuō Hànyǔ
听说 他 会 说 汉语。　彼は中国語が話せるそうです。

3　動詞＋"到"＋名詞

この文型の"到"は結果補語として使われ、動作の結果や目的が達成されることを表します。

Nǐ kàndào shénme le
你 看到 什么 了?　君は何を見ましたか?

Wǒ méiyǒu mǎidào hóngshāoròu
我 没有 买到 红烧肉。　私はトンポーローが買えませんでした。

Wǒ xīnshǎng dào shìnèi bīngdēng le
我 欣赏 到 室内 冰灯 了。　私は室内の氷の灯ろうを楽しめました。

4　動詞＋"完"

この文型の"完"は結果補語として動詞の後に置かれます。「…し終わった」

Wǒmen dǎ wán le bīng huátī
我们 打 完 了 冰 滑梯。　私たちは氷の滑り台で遊びました。

Nǐ chī wán fàn jiù qù ba
你 吃 完 饭 就 去 吧。　ご飯を食べ終わったら行きなさい。

Qí wán luòtuo jiù qù chīfàn
骑 完 骆驼 就 去 吃饭。　ラクダに乗ってからご飯を食べに行きます。

5　……"再"……

動作の順序を表す時に使われます。「…してから…」「それから…」

Chī wán fàn zài qù qí luòtuo ba
吃 完 饭,再 去 骑 骆驼 吧。　ご飯を食べてからラクダに乗りに行きましょう。

Wǒ chī le fàn zài hē chá
我 吃 了 饭,再 喝 茶。　私はご飯を食べてからお茶を飲みます。

Xué wán Hàn yǔ　 zài qù ba
学 完 汉语, 再 去 吧。　　中国語の勉強が終わってから行きましょう。

ハルビンの氷祭りの由来

　兆麟公園はハルビンで歴史の一番古い公園で、もとは20世紀の初めごろ作られた花園でしたが、李兆麟将軍が暗殺されここに埋葬されたことから、「兆麟公園」と改称されました。

　ハルビンは中国における氷・雪芸術の発祥地です。氷祭りは1963年から兆麟公園で始まりました。その氷は近くの松花江（ロシア語：スンガリー）から掘り出された天然氷を使っているので、コストが低く、また透明度がよくとても奇麗です。

　氷の灯ろうは漁民たちが発明したものです。その昔、夜、魚を取るために光が必要でしたが、ろうそくの火等は風ですぐ消えてしまいます。そこで、バケツに水を入れて凍らせ、上から穴を開け真ん中の凍結していない水を捨ててから、火でバケツの周りをあぶって灯ろうを取り出して、中にろうそくを入れて使いました。これがハルビンの氷祭りの起源なのです。

补充内容 Bǔchōng nèiróng

zuì
最　最も、一番

bīngtáng hú lu
冰糖葫芦　サンザシの実の飴煮

ミニ会話

　　Dōngtiān　nǐ zuì xiǎng chī shén me
A: 冬天, 你 最 想 吃 什么?　冬は何を一番食べたいですか？

　　Wǒ zuì xiǎng chī bīngtáng hú lu
B: 我 最 想 吃 冰糖 葫芦。　私はサンザシの実の飴煮を一番食べたいです。

練 習 問 題

一、 次の漢字をピンインに、ピンインを漢字に書き直し、日本語に訳してください。

冰灯＿＿＿＿＿＿＿＿＿＿＿＿　　訳：＿＿＿＿＿＿＿＿＿＿＿＿

游园会＿＿＿＿＿＿＿＿＿＿＿　　訳：＿＿＿＿＿＿＿＿＿＿＿＿

到处＿＿＿＿＿＿＿＿＿＿＿＿　　訳：＿＿＿＿＿＿＿＿＿＿＿＿

diāokè＿＿＿＿＿＿＿＿＿＿＿　　訳：＿＿＿＿＿＿＿＿＿＿＿＿

xiàtiān＿＿＿＿＿＿＿＿＿＿＿　　訳：＿＿＿＿＿＿＿＿＿＿＿＿

二、下の括弧の中から語句を選んで文を完成してください。

1　公园里（　　　）都是冰灯，（　　　）"水晶宫"一样。
2　夏天也能观赏（　　　）室内冰灯作品。
3　美雪姐（　　　）是个中国通。
4　我们打（　　　）冰滑梯，（　　　）去骑骆驼吧。

（好像、再、到处、到、真、完）

三、漢字とピンインと意味の同じものを線で結んでください。

1　她是中国通。　・Dōu shì bīngdēng　　・ラクダに乗ります。

2　都是冰灯。　　・Qí luòtuo　　　　　　・彼女は中国通です。

3　骑骆驼。　　　・Tā shì zhōngguótōng　・全部氷の灯ろうです。

四、次の語句を並べ替えて正しい文にしてください。

1　真　这里　啊　漂亮　！＿＿＿＿＿＿＿＿＿＿＿＿
2　个　美雪　中国　通　姐　是　。＿＿＿＿＿＿＿＿＿＿＿＿

3　好　一样　像　"水晶宫"。　　　　　　　　　　　

五、次の日本語を中国語に訳してください。

1　公園の到る所に氷の灯ろうがあって、まるで水晶宮殿のようです。

2　赤（色）、緑（色）、黄色、青（色）…本当に奇麗ですね。

3　全部松花江の張った氷で彫刻されたのですよ。

4　そうなんですか。夏でも室内の氷の灯ろうが鑑賞できるそうです。

5　そうです。美雪姉さんは本当に中国通ですね。

6　いえいえ。私たちは氷の滑り台で遊んでから、ラクダに乗りに行きましょう。

shānzhā
山楂(サンザシの実)

bīngtáng hú lu
冰糖葫芦(サンザシの実の飴煮)

gǒu lā xuěqiāo
狗拉雪橇(犬ぞり)

bīngdēng
冰灯(氷祭りの作品)

品詞の対照表

略語	中国語	日本語
名	名词	名詞
形	形容词	形容詞
動	动词	動詞
助動	能愿动词(助动词)	助動詞
代	代词	代名詞、疑問詞
数	数词	数詞
助数	量词	助数詞
副	副词	副詞
助	助词	助詞
前置	介词	前置詞
連	词组、短语	連語
接	连词	接続詞
嘆	叹词	感嘆詞
擬	拟声词、象声词	擬声語
尾	接尾词	接尾語
挨	寒暄语	あいさつ用語
謙	谦辞	謙遜語
敬	敬语	敬語
数量	数量词	数量詞

著者略歴

張淑華（Zhāng Shū huá）

出身地：中華人民共和国黒竜江省ハルビン市

遼寧大学外国語学部日本語科卒業（文学学士学位）

北京言語大学大平班（日本文部省、国際交流基金と中国教育部共催の日本語講師養成）修了

ハルビン医科大学外国語学部日本語研究室日本語講師

日本国信州大学大学院教育学研究科修士課程修了（教育学修士）

清泉女学院大学の中国語講師

広州商学院外国語学部日本語研究室専任副教授

日常会話で学ぶ
初級 中国語 CD付き
―你好！哈尔滨―

平成28年2月18日　第1刷発行

著　者／張　　淑　華
発行者／木戸ひろし
発行所／ほおずき書籍株式会社
　　　　〒381-0012 長野県長野市柳原2133-5
　　　　電話 (026) 244-0235㈹
　　　　FAX (026) 244-0210
　　　　URL http://www.hoozuki.co.jp
発売元／株式会社星雲社
　　　　〒112-0012 東京都文京区大塚3-21-10
　　　　電話 (03) 3947-1021㈹

定価はカバーに表示してあります。
万一、落丁・乱丁がございましたら、ご面倒ながら発行所まで
ご送付ください。送料は小社負担でお取り替えいたします。

本書の全部または一部を無断で複写・複製することを禁じます。
©2016 Cyou Syukka Printed in Japan
ISBN978-4-434-21602-2